丛书主编：张志明

新时代党建思想研究丛书

依规治党的党建新路研究

YIGUI ZHIDANG DE DANGJIAN XINLU YANJIU

吕品 著

SPM
南方出版传媒
广东人民出版社
·广州·

图书在版编目（CIP）数据

依规治党的党建新路研究 / 吕品 著. —广州：广东人民出版社，2019.11（2020.6重印）

（新时代党建思想研究丛书）

ISBN 978-7-218-13271-6

Ⅰ. ①依… Ⅱ. ①吕… Ⅲ. ①中国共产党—党的建设—研究 Ⅳ. ①D26

中国版本图书馆 CIP 数据核字（2018）第270196号

YIGUI ZHIDANG DE DANGJIAN XINLU YANJIU

依规治党的党建新路研究

吕 品 著

出 版 人：肖风华

责任编辑：廖智聪 李尔王

装帧设计：李桢涛

责任技编：周 杰 周星奎

出版发行：广东人民出版社

地　　址：广州市海珠区新港西路204号2号楼（邮政编码：510300）

电　　话：（020）85716809（总编室）

传　　真：（020）85716872

网　　址：http://www.gdpph.com

印　　刷：广州市浩诚印刷有限公司

开　　本：787mm × 1092mm 1/16

印　　张：13.25　　字　　数：180千字

版　　次：2019年11月第1版

印　　次：2020年6月第2次印刷

定　　价：35.00元

售书热线：020-85716826

总 序

张志明

党的十八大以来，随着全面从严治党战略部署的展开，全党不仅走出了一条依规治党的新路，并且提出和初步形成了中国化马克思主义党建理论体系，实现了执政党建设的理论创新、实践创新和制度创新，对党的长期执政和国家长治久安，意义深远。应该说，十八大以来党建理论和实践最鲜明的主题就是全面从严治党，而全面从严治党不断推进的过程，也是中国化马克思主义党建理论体系不断发展和完善的过程。特别是党的十九大宣布，中国特色社会主义伟大事业进入了新时代，这也意味着执政党建设新的伟大工程也进入了新时代。新时代要有新气象，更要有新作为。由中共中央党校党建部和广东人民出版社合作出版的《新时代党建思想研究丛书》，就是对全面从严治党与中国化马克思主义党建理论体系这一重大课题进行研究的阶段性成果。作为丛书的引子，结合十九大精神的学习，我在这里谈一谈自己对新时代中国化马克思主义党建理论体系的初步思考和体会。

“构建中国化马克思主义党建理论体系”这一重大命题，是在2016年3月习近平总书记为全国党建研究会换届大会所作的批示中提出来的。这一重大命题是与全面从严治党的战略部署，特别是与十八大以来逐步形成的习近平党建思想密切相关的。

这里简要谈谈三个方面的认识心得：关于新时代中国化马克思主义党建理论体系的创新界标问题；关于新时代中国化马克思主义党建理论体系的创新内涵问题；关于新时代中国化马克思主义党建理论体系的创新价值和意义问题。

先谈谈关于新时代中国化马克思主义党建理论体系的创新界标问题。具体有三句话：一是为什么说新时代中国化马克思主义党建理论体系是党的思想理论创新？二是新时代中国化马克思主义党建理论体系创新的基本特点是什么？三是如何把握新时代中国化马克思主义党建理论体系在全球治理环境下的党建定位？

我们讲执政党的重大理论创新，与学者个体或一般学术团队的所谓创新是有很大区别的。中国共产党的思想理论创新至少要具备三个方面的基本条件：一是中国革命、建设和改革发展确实遇到了新的重大问题，老的理念、思路、办法再也无法回答和解决这些问题；二是党的领袖或领袖集团为解决这些新问题，确实在集中全党智慧基础上提出了新的理论体系，并以此做出了新的战略布局和制度安排；三是一旦新的理论体系指导实践，这些问题的解决有非常明显的成效，中国革命、建设和改革发展的面貌由此就焕然一新了。这是中国共产党近百年奋斗历程中的历史事实，也是党理论创新的历史经验和基本特点，从毛泽东思想到中国特色社会主义理论体系，都显示了这些创新特点。因此，可以继续以此考量中国化马克思主义党建理论体系的创新价值。

首先，新时代中国化马克思主义党建理论体系的形成，是在中国特色社会主义事业发展新时代，中国经济进入新常态发展的新时期，中国发展进入“五位一体”总体布局发展新阶段，党治国理政进入“四个全面”战略布局新形势以后，着力回答和解决，当代中国要推进好“五位一体”总体布局新发展，总揽协调好“四个全面”新战略布局，“究竟需要一个什么样的执政党、怎样才能建成这样一个党”这一关键性的时代课题。应该说，过去党的建设的理念、思路、办法，越来越无法适应新的要求，党的建设和党的领导积累存在的严重的宽松软问题，就是这种不适应的症状。其次，为了解决这些党的建设和党的领导方面存在的严重问题，以习近平同志为核心的党中央，提出了习近平新时代中国特色社会主义思想，并作出了相应的战略布局和制度安排，在党建方面，提出并大力推进了全面从严治党的战略部署，并在指导和推进全面从严治党的进程中，形成了习近平党建思想体系，构成了中国化马克思主义党建理论体系的核心内容。再次，一旦这种新的党建理论成果用于指导党建实践，党的建设和党的领导的面貌就焕然一新了。这是十八大以来全党同志和全国人民感同身受的巨大变化。因此，新时代中国化马克思主义党建理论体系的创新，是具备党思想理论创新的必要条件和充分条件的。

那么新时代中国化马克思主义党建理论体系有什么基本特点呢？一是坚持了紧紧围绕党的政治路线和党的中心工作加强党的建设的基本遵循和历史经验。不是就党建说党建，不是自说自话自娱自乐，而是始终坚持执政党建设新的伟大工程与中国特色社会主义伟大事业的良性互动，并且把党的命运与伟大事业的命运融为一体。习近平总书记提出的“党的领导是中国特色社会主义事业最本质特征”的重要思想，强调党的建设必须紧紧围绕怎么领导好中国特色社会主义伟大事业、怎么统帅好国家治理体系和治理能力现代化来展开，就是这种良性互动和命运一体的集中体现，而且比过去任何时候都讲得更加具有理论和实践的彻底性和通透性。二是进一步明确了新时代坚持和加强党的建设的目标。这个目标就是解决建设一个什么样的党的问题。这与明确“党的领导是中国特色社会主义事业最本质特征”重要思想形成呼应，更指明了“把党建设成为始终走在时代前列、人民衷心拥护、勇于自我革命、经得起各种风浪考验、朝气蓬勃的马克思主义执政党”的党建目标，只有做到这样，才能确保党成为中国特色社会主义事业的领导核心。那么，如何才能确保党的领导核心地位呢？如何才能成功实现党对中国特色社会主义事业的领导权呢？是依靠党的纯洁性、先进性、领导水平和执政能力，是依靠厚植党领导和执政的政治基础。这也是党宝贵的建设和领导经验。正像毛泽东同志所说，“所谓领导权，不是要一天到晚当作口号去高喊，也不是盛气凌人地要人家服从我们，而是以党的正确政策和自己的模范工作，说服和教育党外人士，使他们愿意接受我们的建议。”习近平总书记也反复强调，坚持党要管党、从严治党，永葆党的先进性和纯洁性，是摆在我们面前的重大课题。强调全面从严治党必须首先从讲政治说起，从严治党要从党内政治生活严起，党要管党要从党内政治生活管起。三是确立了新时代党的建设的主线，布局解决怎样建成这样一个党的问题。为达到目标，新时代党的建设总要求提出了一条正确的主线，“以加强党的长期执政能力建设、先进性和纯洁性建设为主线”。与原来比较，把“执政能力建设”改为“长期执政能力建设”，更聚焦党的长期执政和国家长治久安，体现登高望远的历史担当。党的领导核心地位不是一劳永逸的，必须通过不断加强党的建设和党的领导才能得以持续实现，必须通过全面从严治党加以保障。正如习近平总书记指出的，全面从严治党，核心是加强党的领导，基础在全面、关键在严、要害在治。“全面”就是管全党、治全党，覆盖党的建设各个领域、各个方面、各个部门；

“严”就是真管真严、敢管敢严、长管长严；“治”就是从党中央到省市县党委，从中央部委党组（党委）到基层党支部，都要肩负起主体责任，扎实推进全面从严治党各项工作。党的建设总要求还提出了新时代党的建设的科学布局。只有围绕主线进行党的建设布局，才能推进党的建设向目标接近。总要求指出，“全面推进党的政治建设、思想建设、组织建设、作风建设、纪律建设，把制度建设贯穿其中，深入推进反腐败斗争”。强调把政治建设放在首位，把纪律建设写进新五大建设，把制度建设贯穿新五大建设，以反腐败斗争取代反腐倡廉建设。体现全面从严治党新理念新战略和新实践新要求，理论上更自洽圆满，实践上更切实可行。四是进一步指明了党的建设的根本价值取向和检验标准，即“人民中心论”。党的建设的一切努力，检验党的建设好坏成败的根本标准，是看中国人民是不是过上了更加美好的生活，是看人民群众高兴不高兴、答应不答应、满意不满意，是中国人民心中的那本民心账，是习近平总书记说的“民心是最大的政治”，当然民心也是最大的党建。

随着中国在全球治理体系中的影响力越来越大，对中国共产党的研究，正越来越成为国内外的显学。除了国内党校系统在加强党建学科的研究外，很多高校和人文社科研究机构也加大党建研究的力度，特别是国外很多政府研究机构和学界，也纷纷把研究的视角延伸到中国共产党的历史和建设。在这种情势下更应该明确新时代中国共产党中国化马克思主义党建理论体系的定位，我认为这也是习近平总书记提出这一重大命题的内在要求。那么，在这种全新的全球治理环境下，应该如何清醒把握好新时代中国共产党的党建定位呢？

一方面要强调，新时代中国化马克思主义党建理论体系首先是马克思主义的。新时代中国化马克思主义党建理论体系是马克思主义政党学说体系的最新成果，不是西方政党理论体系序列。要鉴别好两种情况，一是在国内研究党建的热潮中，要避免把新时代中国化马克思主义党建理论体系，解释成西方政治学的逻辑体系、理论体系和话语体系。习近平总书记提出，党建创新要善于把总结自身经验和借鉴世界其他政党经验结合起来。这就为我们党建研究打开了宽阔的国际视野，但在这种国际视野下更应该有马克思主义政党学说理论的守正与坚持。二是在国外研究机构的热评与关注中，更要保持头脑的清醒，对他们以西方政治学理论诠释中国共产党历史和建设的情况，要善于冷静分析，即便对方是善意的恭维的观点，也不要过分当真，要有自己的判断，要有马克思主义政党理论的彻悟和境界。

另一方面更要强调，新时代中国化马克思主义党建理论体系是中国的。新时代中国化马克思主义党建理论体系是当代中国的党建理论体系，是马克思主义党建学说在中国发展的最新成果，不是别的国家的政党理论，更不能解读成穿着中国外衣的西方政党理论。曾几何时，在言必称希腊的学术氛围下，用西方政治学的立场、观点和方法解读中国共产党，似乎成了一些地方和领域验证党史、党建研究学术水平的不成文约定，越离开问题导向做想当然的西方学理诠释，越是显得高人一等，最后云里雾里不知所云，也导致很多年轻学者人云亦云。实践证明，这样做不仅对养成严谨的党建学风不利，也探索不到中国共产党党建的特殊规律，更对党的建设实践产生不良影响。提出构建新时代中国化马克思主义党建理论体系，就要求全体党建学人自觉承载起中国共产党党建研究的担当，在大胆借鉴世界其他政党治国理政精要，包括借鉴有益的理论和方法的同时，聚精会神把中国共产党自己的党建研究好。

这是本人对新时代中国化马克思主义党建理论体系的理论创新界标问题的一些粗浅看法。下面谈谈新时代中国化马克思主义党建理论创新的内容体系问题。

新时代中国化马克思主义党建理论体系，在党的建设各个方面都提出了新的系统的思想、办法和制度安排，构成了全面系统的理论内容体系。以下八个方面的核心内容，构成了新时代中国化马克思主义党建理论体系的完整形态。一是把党的政治建设摆在首位。这是党的政治建设的全新思想表述。强调党的政治建设是党的根本性建设，决定党的建设方向和效果。保证全党服从中央，坚持党中央权威和集中统一领导，是党的政治建设的首要任务。强调要尊崇党章，严格执行新形势下党内政治生活若干准则，增强党内政治生活的政治性、时代性、原则性、战斗性，自觉抵制商品交换原则对党内生活的侵蚀，营造风清气正的良好政治生态，强调完善和落实民主集中制的各项制度。二是用新时代中国特色社会主义思想武装全党。这是党的思想理论建设的新表述。要把坚定理想信念作为党的思想建设的首要任务。三是建设高素质专业化干部队伍。这是党的组织建设中关于干部队伍建设的新要求。要坚持党管干部原则，把好干部标准落到实处。要坚持党管人才原则，聚天下英才而用之，加快建设人才强国。四是加强基层组织建设。这是党的组织建设中关于基层组织建设的最新要求，特别强调了基层党组织在服务群众中一定要注意强化自身的政治功能。强调要以提升组织力为重点，突出政治功能，把基层党组织建设成为宣传党的主张、贯彻党的决定、领导基层治理、团结动员群众、推动改革发展的坚强战斗堡垒。五是持之以恒正风肃纪。这是关于党的作风建设和纪律建设的新提法新表述。强调不断厚植党执政的群众基础。重点强化政治纪律和组织纪律，带动廉洁纪律、群众纪律、工作纪律、生活纪律严起来。强调运用监督执纪“四种形态”，抓早抓小、防微杜渐。加强纪律教育，强化纪律执行，让党员、干部知敬畏、存戒惧、守底线。六是夺取反腐败斗争压倒性胜利。这是反腐败斗争的新表述。强调要坚持无禁区、全覆盖、零容忍，坚持重遏制、强高压、长震慑，坚持受贿行贿一起查，坚决防止党内形成利益集团。提出在市县党委建立巡察制度。强调推进反腐败国家立法。强化不敢腐的震慑，扎牢不能腐的笼子，增强不想腐的自觉，通过不懈努力换来海晏河清、朗朗乾坤。七是健全党和国家监督体系。这是把习近平总书记关于“把权力关进制度笼子”的著名论断和全面从严治党中的实践成果写进政治报告的展开表述。强调要加强对权力运行的制约和监督，让人民监督权力，让权力在阳光下运行，把权力关进制度的笼子。强调深化政治巡视。深化国家监察体制改革，组建国家、省、市、县监察委员会，实现对所有行使公权力的公职人员监察全覆盖。制定国家监察法，用留置取代“两规”措施。改革审计管理体制，完善统计体制。构建党统一指挥、全面覆盖、权威高效的监督体系。八是全面增强执政本领。这是首次就提高党长期执政能力水平所做的新论述。强调要增强学习本领，建设马克思主义学习型政党，推动建设学习大国。增强政治领导本领，坚持战略思维、创新思维、辩证思维、法治思维、底线思维，把党总揽全局、协调各方落到实处。增强改革创新本领。增强科学发展本领。增强依法执政本领。增强群众工作本领。增强狠抓落实本领。增强驾驭风险本领。

这八个方面具体要求是把新时代党的建设的总要求落地生根，变成全党可以贯彻执行的党建部署。其中最鲜明的特点和创新是，特别强调了马克思主义执政党必须讲政治，必须提高马克思主义执政党政治意识的高度自觉，必须把党的政治建设放在新时代党的建设的首要位置，必须把党的政治能力建设放在党的长期执政能力建设中的首要位置，必须把党的政治文化建设放在党内文化建设的首要位置，必须把党的政治生态建设放在党内生态建设的首要位置。这是我们党在中国特色社会主义建设进程中走向政治成熟的根本标志，是我们党走向高度自觉的集中体现，对于进一步增强全党在新时代的政治定力，影响深远。

最后一部分，谈谈对新时代中国化马克思主义党建理论体系创新的价值和意义的看法。新时代中国化马克思主义党建理论体系的建立，无论对于党的自身建设，还是对于党更好地治党治军治国理政，乃至对于我们党在全球治理体系中牢牢把握话语权，都有极其重大的意义。我认为至少集中体现在以下四个方面：

一是新时代中国化马克思主义党建理论体系恢复发展了党的最大政治优势。这是中国共产党安身立命并保障党和国家长治久安的看家本领和修行内功。习近平总书记强调，讲政治关乎党的前途命运；强调讲政治的目的在于统一全党意志、凝聚全党力量，为实现党的纲领和目标而共同奋斗；强调民心是最大的政治；强调讲政治不是纸上谈兵、空喊口号，而是要落实到党的领导、党的建设、党和国家各项工作中去。中国共产党把讲政治与党内政治生活融为一体，创造性地培育了党的优秀政治传统和政治文化，创造了中国共产党独特的活动方式和领导方式，逐步成为了我们党强身健骨、固本培元、始终保持战斗力的看家法宝。从古田会议毛泽东首次提出党内生活政治化、科学化，到延安整风时期建立党内政治生活的制度基础，到改革开放之初制定《关于党内政治生活的若干准则》，再到十八届六中全会颁布《关于新形势下党内政治生活的若干准则》，一代又一代共产党人在党内政治生活这个大熔炉中，讲政治、炼党性、砺品格，凝聚成了中国共产党最大的政治优势。正因为如此，习近平总书记反复强调，全面从严治党首先要从讲政治说起。只要我们党通过《关于新形势下党内政治生活的若干准则》的贯彻实施，重新焕发出党内政治生活的勃勃生机和活力，我们党就一定会继续以高扬的理想信念和卓越的能力水平，持续赢得人民群众的拥护和支持，为党长期执政持续提供坚实的法理支撑。

二是新时代中国化马克思主义党建理论体系破解了一党长期执政条件下权力监督制约的党建难题。党的十八届六中全会提出了构建中国特色社会主义权力监督制约体制的重大课题，强调中国权力监督制约不能搞成资产阶级政党之间的钩心斗角和互相掣肘，应该坚定走党内监督与党外监督相结合的道路。还提出，中国特色社会主义权力监督制约机制，要着力形成对权力全程监督的新机制，目前已经形成了党内监督与党外监督相结合，在党的统一领导下实现对权力运行的全程监督，党委主责、纪委专责检查、巡视全覆盖的监督检查机制，并与领导干部问责和激励机制结合了起来。而《中国共产党党内监督条例》就是要“进一步扎紧制度的笼子”。随着依规治党的稳步推进，随着依法治国的不断进步，一定会在中国共产党领导下，走出成功破解权力监督制约这一重大课题的中国新路、中国方案和中国范例。

三是新时代中国化马克思主义党建理论体系成功走出了依规治党的制度治党新路。习近平总书记突出强调了思想建党与制度治党的紧密结合，指出从严治党靠教育，也靠制度，二者一柔一刚，要同向发力、同时发力。克服长期以来存在的一谈思想建设就陷入假大空道德说教，而一谈制度建设就忽视核心价值的倾向，切实把思想建党的优势和传统建基稳固于制度建设之中。习近平总书记指出，理想信念是“总开关”，要补足共产党人精神之“钙”。思想教育要突出重点，加强党性和道德教育。在教育方式上，习近平总书记提出思想教育要结合落实制度规定来进行，抓住主要矛盾，不搞空对空。要使加强制度治党的过程成为加强思想建党的过程，也要使加强思想建党的过程成为加强制度治党的过程。制度治党的意义在于以制度化、程序化、具体化方式治理党内政治生活，保证党的先进性与纯洁性。特别是这一种制度安排的重要价值，是着力于把制度规范形成优秀的党内政治文化，从而营造风清气正的党内政治生态，使管党治党达到知行合一的境界水平，以依规治党引领依法治国，以党的长期执政保障国家长治久安。

四是为全面从严治党永远在路上提供理论支撑。习近平总书记在十九大报告中指出，全面从严治党成效卓著。全面加强党的领导和党的建设，坚决改变管党治党宽松软状况。推动全党尊崇党章，增强政治意识、大局意识、核心意识、看齐意识，坚决维护党中央权威和集中统一领导，严明党的政治纪律和政治规矩，层层落实管党治党政治责任。坚持照镜子、正衣冠、洗洗澡、治治病的要求，开展党的群众路线教育实践活动和“三严三实”专题教育，推进“两学一做”学习教育常态化制度化，全党理想信念更加坚定、党性更加坚强。贯彻新时期好干部标准，选人用人状况和风气明显好转。党的建设制度改革深入推进，党内法规制度体系不断完善。把纪律挺在前面，着力解决人民群众反映最强烈、对党的执政基础威胁最大的突出问题。出台中央八项规定，严厉整治形式主义、官僚主义、享乐主义和奢靡之风，坚决反对特权。巡视利剑作用彰显，实现中央和省级党委巡视全覆盖。坚持反腐败无禁区、全覆盖、零容忍，坚定不移“打虎”“拍蝇”“猎狐”，不敢腐的目标初步实现，不能腐的笼子越扎越牢，不想腐的堤坝正在构筑，反腐败斗争压倒性态势已经形成并巩固发展。习近平总书记在2017年7月26日省部级主要领导干部“学习习近平总书记重要讲话精神，迎接党的十九大”专题研讨班开班式上发表重要讲话更强调，对党的十八大以来全面从严治党取得的成果，人民群众给予了很高评价，成绩值得充分肯定，经验值得深入总结。但是，我们决不能因此而沾沾自喜、盲目乐观。全面从严治党依然任重道远。全党要坚持问题导向，保持战略定力，推动全面从严治党向纵深发展，把全面从严治党的思路举措搞得更加科学、更加严密、更加有效，确保党始终同人民想在一起、干在一起，引领承载着中国人民伟大梦想的航船破浪前进，胜利驶向光辉的彼岸。因此，需要特别强调的是，全面从严治党永远在路上，全面从严治党依然任重道远。

新时代中国化马克思主义党建理论体系将为我们党顺利完成全面从严治党的治党大业，提供有力的理论支持。但新时代中国化马克思主义党建理论体系的构建和完善也依然任重道远，还有很多重大课题需要深入研究。在新时代，党的建设承载大道，全体党建学人需要继续共同努力，皓首穷经，焚膏继晷，贡献应有的学术成就。我们这套丛书愿意做这种努力和贡献的引玉之砖。

2017年10月26日

（作者系中共中央党校党的建设教研部主任，教授，博士生导师）

目　录 / CONTENTS

导 言

十九大开启党内法规建设的新征程

习近平同志指出：“纲纪不彰，党将不党，国将不国。”“要完善党内法规制定体制机制，注重党内法规同国家法律的衔接和协调，构建以党章为根本、若干配套党内法规为支撑的党内法规体系，提高党内法规的执行力。”党的十八大以来，以习近平同志为核心的党中央继续加强党内制度建设，并将党内法规制度建设提到新高度，要求将之作为事关党长期执政和国家长治久安的重大战略任务，摆到更加突出位置切实抓紧抓好。党的十九大对坚持依规治党、加强新时代党内法规制度建设作出战略部署，强调要坚持依法治国和依规治党有机统一，思想建党和制度治党同向发力，坚持依规治党、标本兼治，加快形成覆盖党的领导和党的建设各方面的党内法规制度体系。

一、更加强调党内法规建设的重要性

党的建设是一个包含着多种要素和多方面内容的有机整体，并随实践的发展和深入不断被赋予新的内涵。革命时期，毛泽东同志在《〈共产党人〉发刊词》中阐释：“十八年的经验，已使我们懂得：统一战线，武装斗争，党的建设，是中国共产党在中国革命中战胜敌人的三个法宝，三个主要的法宝。”[①] 把党的建设与统一战线、武装斗争一起称为中国革

① 《毛泽东选集》第2卷，北京：人民出版社，1991年版，第606页。

命的三大法宝，明确将党的建设确定为“伟大工程”，并将党的建设总结为党的思想建设、组织建设、作风建设。党的十三大明确提出切实加强党的制度建设的要求；党的十六大报告进一步提出“一定要把思想建设、组织建设、作风建设有机结合起来，把制度建设贯穿其中”；党的十七大报告第一次明确提出党的“五大建设”，即“思想建设、组织建设、作风建设、制度建设和反腐倡廉建设”；党的十八大报告将党的“五大建设”表述为“思想建设、组织建设、作风建设、反腐倡廉建设和制度建设”，并将此写入党章。党的十九大报告和党章都指出全面推进党的政治建设、思想建设、组织建设、作风建设、纪律建设，把制度建设贯穿其中，深入推进反腐败斗争，形成了新的党的建设的“五加二”的总体布局。

从党的“三大建设”到党的“五大建设”到党的建设“五加二”的总体布局，制度建设从体现为会议精神到写入党的报告到写入党章，制度建设的地位从与“三大建设”的“贯穿于”关系到与“四大建设”的并列关系到深化为与“五大建设”的“贯穿于”关系，体现了我们党领导中国革命、建设和改革的社会实践经验的科学总结，说明了我们党对制度建设重要性认识的深化和对制度建设规律的准确把握。十八大以来，以习近平同志为核心的党中央坚持从严治党，不仅进一步明确了制度建设的地位及其重要性，还明确指出党内法规在其中的重要地位。我们日益明确地认识到，党的制度涵盖范围很广，党内法规是党的制度体系中核心的规范和高级形态。党中央把全面深化改革和制度创新有机结合起来，以党章为根本遵循，不断完善党内法规制度体系，把各项纪律和规矩立起来、严起来，在全党上下树立了“治国必先治党，治党务必从严，从严必依法度”的理念。十八大以来，党内法规建设的成果一方面体现为党内法规建设大大提速，共修订颁布了90余部中央党内法规。另一方面，在强调法规出台的速度和数量的同时，党内法规的质量和执行力也不断增强，这是党的建设的制度化水平总体提高的关键。当然，没有一定数量的党内法规，尤其是缺乏标志性、关键性、引领性的党内法规，就无法形成管党治党的基本制度框架。但是制度不是越多越好，我们一定要警惕历史学家钱穆所提出的制度陷阱。钱穆先生在分析中国历史时指出，中国政治制度演绎的传统是，一个制度出了毛病，再定一个制度来防止它，相沿日久，一天天地繁密化，却无益于解决现实问题。十八大以前，有些规定也不是不存在，但实际执行中却失之于宽松软，类似“几十个文件管不住一张嘴”的问题屡屡发生，致使一部分党组织纪律松懈、组织涣散。针对这样的问题，习近平同志反复强调：“制度不在于多，而在于精，在于务实管用，突出针对性和指导性。如果空洞乏力，起不到应有的作用，再多的制度也会流于形式。”

二、突出政治建设对党内法规建设的统领作用

习近平同志在十九大报告中强调，“党的政治建设是党的根本性建设，决定党的建设方向和效果”，新时代党的建设要“以党的政治建设为统领”“把党的政治建设摆在首位”。这些重要论述深刻揭示了我们党对自身建设规律的深刻把握，鲜明反映了党和国家事业发展对执政党建设的时代要求，进一步丰富和发展了马克思主义政党建设理论。

党的政治建设体现在党内法规建设中，首先要求强调坚持党内法规建设的正确方向，这是衡量党内法规质量的首要标准。只有强调正确的政治方向、价值导向，才能确保通过行之有效的党内法规保证党的政治方向对头、政治原则坚定、政治路线正确，才能统一全党意志、凝聚全党力量，为实现党的纲领和目标而共同奋斗。党内法规建设必须坚持以习近平新时代中国特色社会主义思想为指引，全面贯彻党的基本理论、基本路线、基本方略，紧紧围绕坚持和加强党的全面领导、树牢“四个意识”、坚定“四个自信”，不断健全完善党内法规制度，确保党的领导更加坚强有力、党的长期执政地位更加巩固。

其次强调党内法规的制定体现出强烈的问题意识。党内法规体系的建设是一个系统工程，既要坚持顶层设计、整体推进，体现目的性、前瞻性、战略性，又强调突出问题导向，把握现阶段的形势、任务和挑战，找准正确方向，抓住主要矛盾，突出针对性、指导性、及时性、有效性。

习近平同志多次强调制定制度要坚持问题导向、突出重点，充分体现科学性、针对性、可操作性。在当前，尤其要清醒认识党面临的“四大考验”的长期性和复杂性、“四种危险”的尖锐性和严峻性，直面人民群众反映强烈，弱化党的领导、损害党的先进性和纯洁性的问题，聚焦党内存在的思想不纯、组织不纯、作风不纯等突出问题，继续夯实党长期执政之基。

最后强调要深刻准确理解政治建设。加强党的政治建设，就必须尊崇党章，严格遵守政治纪律和政治规矩、严格执行新形势下党内政治生活若干准则、完善和落实民主集中制的各项制度，这与制度建设、党内法规建设的本质要求是一致的。强调政治建设的统领意义，凸显了政治建设的极端重要性，但这绝不是一切问题都政治化，政治问题权力化、运动化。

三、完善党内法规体系的顶层设计

为深入贯彻落实习近平新时代中国特色社会主义思想和党的十九大精神，着眼于到建党100周年时形成比较完善的党内法规制度体系，中共中央出台《中央党内法规制定工作第二个五年规划（2018—2022年）》(以下简称《规划》)。第二个五年规划对今后五年中央党内法规制定工作进行统筹安排，提出了指导思想、工作目标、基本要求、主要任务和落实要求，确定了一批党内法规重点制定项目，对党内法规建设进行了统筹规划、顶层设计。这次编制党内法规制定工作五年规划是在第一次五年规划顺利完成之后出台的，是推进新时代党内法规制度建设的重要指导性文件，标志着党内法规制定工作进入一个新阶段。党内法规制定工作五年规划与五年一届的党代会相衔接，体现了一届任期内党规制定工作的总体要求，有利于加强党内法规建设工作的计划性、协调性，保证党内法规制度的系统性、协调性和前瞻性，有利于落实党的十九大对于推进党的建设和制度改革作出的战略部署，确保党在新时代中国特色社会主义的伟大实践中始终成为坚强领导核心。

这次《规划》所提出制定规划的编制从党情出发，与《中共中央关于加强党内法规制度建设的意见》的精神衔接，按照“规范主体、规范行为、规范监督”相统筹相协调原则，把党内法规按照规范的内容和对象依据“1+4”的基本框架分为党的组织法规制度、党的领导法规制度、党的自身建设法规制度、党的监督保障法规制度四大板块，每个板块都安排了相应的党内法规制定项目。

《规划》提出，要适应新时代坚持和加强党的全面领导、以党的政治建设为统领全面推进党的各项建设的需要，到建党100周年时形成以党章为根本、以准则条例为主干，覆盖党的领导和党的建设各方面的党内法规制度体系，并随着实践发展不断丰富完善，使得党内法规制定质量明显提高，执行力明显提升，系统性、整体性、协调性明显增强。时不我待，在全面建成党内法规体系关键时期，一方面中央要在党内法规制定工作五年规划的基础上将其分解为年度计划，承担相关党规制定工作的中央部门单位按时保质保量完成任务，确保列入本规划的制定项目绝大多数在2021年前完成。另一方面，各地区各有关部门要以中央的《规划》为指导，根据本地区社会发展的实际状况，制定本地区本部门党内法规制定工作五年规划。

四、促进党内法规与国家法律有机衔接

以习近平同志为核心的党中央始终要求全党必须坚持依法执政，全面提高党依据宪法法律治国理政、依据党内法规管党治党的能力和水平，努力形成国家法律法规与党内法规制度相辅相成、相互促进、相互保障的格局。党内法规的建设中充分体现了依规治党与依法治国的要求，一方面按照党在宪法和法律范围内活动的要求，在改善和加强党对立法工作领导、确保突出党的建设自身规律的同时，防止党规超越宪法和法律范围，做到对于应由国家法律规定的事项党内法规不再作出规定。

另一方面，虽然党内法规的范围与国家法律的范围、效力不尽相同，

但两者从根本上来说是一致的，是互为补充和促进的。这方面尤其突出体现在国家监察体制改革中。在立法层面上，国家监察法是反腐败国家立法，是一部对国家监察工作起统领性和基础性作用的法律。国家监察法的制定使党的主张通过法定程序更好地转变为国家意志，实现了反腐败法治建设的与时俱进。党的十八大以来，我们党坚持有腐必反、有贪必肃，在深入推进党风廉政建设和反腐败斗争实践中，坚持标本兼治，逐渐向治本发力，制定修订了巡视工作条例、纪律处分条例、问责条例等一系列重大法规制度，这些制度性成果为反腐败国家立法奠定了重要基础。国家监察法本身就是党内法规作为国家的渊源的一个重要体现，实现了党规与国法的有机衔接。在执行层面上，监委成立之后，监察法和纪律是衔接的，和刑法、刑诉法也是衔接的。在纪检监察机关内部，强调的是纪委、监委对于严重违反党纪政纪同时涉嫌违法犯罪的监察对象，如何及时顺畅实现由监督执纪问责向监督调查处置转化，实现纪法贯通。在监察机关与司法、执法机关之间，强调的是监察程序同司法程序、执法程序的衔接、制约，确保案件移送、人员移交、审查起诉、审判、执行的顺利进行，实现法法衔接。

五、坚持制定与执行并重

党内法规建设是一项系统工程，完善的党内法规制定制度与高效的党内法规执行制度，有力的党内法规保障制度都必不可少。加强党内法规制度建设，要坚持制定和实施并重，既要注重抓好定制立规工作，又要下大气力抓贯彻执行，确保党内法规制度落实落地。贯彻执行法规制度没有绝招，关键在真抓，靠的是严管。

推动党内法规制定与执行工作，涉及面广，内容丰富。要加大监督检查力度，用监督传导压力，用压力推动落实，尤其要注重抓住领导干部这个“关键少数”，发挥领导机关和领导干部的示范引领作用，这是党的十八大以来党规建设取得显著成效的重要经验。全面从严治党，基础在全面。党内法规的贯彻落实，必须着眼全面，立足管全党、治全党，面向所有党员、所有党组织，管住管好“绝大多数”。同时，要突出重点，抓住领导干部这个“关键少数”，这是以习近平同志为核心的党中央管党治党的一贯思想和鲜明特点。这一思想既体现在党内法规的制定中，贯彻了从严管理各级领导干部，尤其要约束好一把手的思想，强调必须用刚性制度把一把手管住，形成有权必有责、有责要担当、用权受监督、失责必追究的激励约束机制，保证一把手依法用权、秉公用权、廉洁用权，确保行使好党和人民赋予的权力；同时又体现在党内法规的执行中，强调领导干部要以身作则率先垂范、以上率下，为全党全社会作出示范。

发挥党内政治文化的支撑作用，弘扬社会主义法治精神，以良好的政治文化提升法规制度的执行力影响力。党内法规制度只有为每个党员高度认同，成为全体党员的自觉追求，才会转化为党内先进的政治文化，才会充分发挥其规范功能和政治社会功能，才会真正实现“内化于心、外化于行”党内法规实现的最高境界。

党的十八大以来，在党中央的高度重视下，党内法规制度体系建设取得重要进展和成效，不断趋于完善。但是党内法规制度体系建设不能一蹴而就，也无法一劳永逸，在十九大所开启的党内法规建设的新征程中，我们肯定还会遇到很多新的情况新的问题，还会碰到很多新的矛盾新的挑战，我们要按照中央的要求，加快构建完善的党内法规制度体系、提高党内法规制度执行力、加强组织领导，力争到建党100周年时形成比较完善的党内法规制度体系。要如期实现这一目标，现在就是关键的战略机遇期，我们必须坚持改革创新、与时俱进，把中央要求、群众期盼、实践需要和新鲜经验结合起来，扎实推进党的工作和党的建设制度化、规范化、程序化，从问题出发尽快补齐党建方面的制度短板，不断提升依据党内法规管党治党的能力和水平，确保党始终成为中国特色社会主义事业坚强领导核心。

第一章　党内法规的基本理论

第一节　党内法规概念的确立

党内法规作为管党治党的规矩，十八大以来越来越成为全党上下和社会广泛关注的热点。但是党内法规本身并不是最近几年才出现的一个概念，而是在经历了一个自身概念演进的过程之后，最终所确立下来的一个科学范畴。我们主要通过国际共产主义运动和我们党对“党内法规”概念的提出和演变发展，来考证这一概念提法的合理性。

一、国际共产主义运动中“党内法规”概念的提出和演变

在国际共产主义运动中，马克思、恩格斯借用“法律”“法规”的表述将与“党内法规”相关的概念引入党的生活中，成为党内法规建设的重要思想来源。1872年4月，恩格斯第一次把国际工人协会的章程上升到“法律”的高度，提出遵守和执行第一国际所具备的章程和条例是加入第一国际的基本前提。恩格斯代表第一国际在与费拉拉工人协会的通信中明确提出：“这个共同章程和组织条例，是我们协会唯一的法律，它们可能会使你们的自治受到限制。”“这些法律是整个欧洲工人创立的，是七年来在他们的各次年度代表大会上制定并为所有的人所承认的。”[①] 1879年11月，恩格斯在致奥古斯特·倍倍尔的信中表明：“一个有生命力的党所借以进行活动的法权基础，不仅必须由它自己建立，而且还必须可以

---

① 《马克思恩格斯全集》第18卷，北京：人民出版社，1964年版，第79页。

随时改变。”“一个党丧失了作出有约束力的决议的可能性，它就只能在自己的活的、经常变化的需要中去寻找自己的法规。”[①] 这里恩格斯强调了党章是一个有生命力的党的法权基础，要求党不仅要制定党章，而且必须根据实际的需要来修改党章。与此类似，马克思同样用法律的概念，把这种党内生活所需要的章程和决议称为“最高的判决”。1872年，他在致保尔·拉法格的信中指出：“总委员会为了在每个具体情况下运用共同章程和历届代表大会的决议而所能做到的一切，就是作出决议这一最高的判决。”[②] 恩格斯和马克思使用的“法律”或者其他法律领域的概念表述可被视为是党内法规的前身，突出了党的共同章程和共同决议具有法律的性质和意义，指导着党的工作和活动，党内的每一位成员都必须严格遵守。

苏共带领苏联人民建立了世界上第一个社会主义国家，列宁在加强执政党建设的过程中，形成了一套完整的建党思想，对推进党内法规建设作出了贡献。第一，重视党内法规的地位与作用。卡·考茨基在谈到党章的进化过程时说：“‘……当人们不再承认习惯法为不言而喻的东西时，当这个习惯法规定的内容以及这个习惯法本身的存在都引起争议时，那它就不成其为法了。因而绝对需要精确地规定这个法，把它明文规定下来……’作更加‘精确的章程性的规定……’”。列宁非常赞成考茨基这段话，他说：“把卡·考茨基这些关于用正式规定的章程性法规代替不言而喻的习惯法的意见，拿来和我们党……所经历的全部‘变更’对照一下，是很有教益的。”[③] 第二，明确了党的代表大会是党内法规重要的立法主体。1905年，在《给俄国社会民主工党总委员会主席普列汉诺夫同志的公开信》中，列宁对为什么要尽快召开党的第三次代表大会说道：“我们党的生活的内部矛盾的发展，正在冲击着党的第二次代表大会给我们定下的狭小的、正如现在我们大家清楚地看到的、远不完善的章程的框

① 《马克思恩格斯全集》第34卷，北京：人民出版社1972年版，第395页。
② 《马克思恩格斯论巴枯宁主义》，北京：人民出版社，1980年版，第205页
③ 《列宁选集》第1卷，北京：人民出版社，1995年版，第513页。

框。必须有新的形式，或者至少也要改变旧的形式，而能够做到这一点的是社会民主党的唯一立法者——党的代表大会。因为它，而且只有它有权颁布人人必须遵守的准则，任何代表会议、任何局部协议都不能够规定这样的准则。”[①] 第三，以民主集中制度为核心建立了相对完善的党内法规体系。列宁指出，无产阶级政党必须贯彻集中制的组织原则。“为了保证党内团结，为了保证党的工作集中化，还需要有组织上的统一，而这种统一在一个已经多少超出了家庭式小组范围的党里面，如果没有正式规定的党章，没有少数服从多数，没有部分服从整体，那是不可想象的。”[②] 以民主集中制为核心，苏联共产党制定了一系列党的具体法规和法规性决议，如《监察委员会条例》《中央检查委员会条例》等，促进了党内法规体系的构建。第四，在党内建章立制，保障党内法规的严格执行。列宁认为必须通过在党内建立有效的监督机制，对执行党章和党内法规的情况进行监督，对违反党章和党内法规的行为进行处罚，以确保党章和党内法规的严格贯彻执行。

马克思、恩格斯、列宁等把“法律”“法规”等法律领域的思想引入党内，这些关于党内法规的重要思想为中国共产党完善党内法规制度体系奠定了重要的理论基础。

二、中国共产党内“党内法规”概念的提出和演变

在民主革命时期，中国共产党在党的自身建设方面就提出党内法规的建设问题。在中国共产党内，“党内法规”这一概念最早是由毛泽东同志在1938年10月党的六届六中全会上所作的题为《论新阶段》的讲话时提出来的。在党的历史上，六届六中全会被毛泽东称为“是决定中国之命运的”。鉴于当时张国焘分裂党和红军造成的严重后果，也鉴于王明在长江局工作期间由于闹独立性造成的不良影响，毛泽东在报告第七部分

---

① 《列宁全集》第10卷，北京：人民出版社，1987年版，第74页。

② 《马克思　恩格斯　列宁　斯大林　毛泽东　邓小平　江泽民论工人阶级政党的先进性》，北京：人民出版社，2003年版，第156页。

《中国共产党在民族战争中的地位》中讲到党的纪律时提出："为使党内关系走上正轨，除了上述四项最重要的纪律外，还须制定一种较详细的党内法规，以统一各级领导机关的行动。"[①] 为了使党及其各级领导机关达到在政治上和组织上团结统一，六届六中全会重申了党的个人服从组织、少数服从多数、下级服从上级、全党服从中央四项最基本的纪律，并在此基础上提出了要建立党内法规。从报告的论述上可以看出，毛泽东提出的党内法规是在纪律的层面上使用的，其用意是要在相对概括和抽象的四项纪律之外，再制定更为细化和具体化的、操作性的"党内法规"，以便将党的基本原则这些抽象和高度概括的原则进行细化和具体化，维护纪律的严肃性和严厉性、维护党内的正常的秩序。在这次会议上，中共中央通过《关于中央委员会工作规则与纪律的决定》《关于各级党部工作规则与纪律的决定》等几部属于党规党纪类型的重要的党内文件，这些就是"较详细的党内法规"的具体形式，分别规定了从中央到地方各级党部工作的任务、职责范围和纪律，对于促进党的团结统一发挥了重要作用。

刘少奇同志在历史上也多次论及党内法规。他在党的六届六中全会上所作的《党规党法的报告》，是党的领导人第一次使用"党规党法"的名称。1945年，刘少奇在党的七大上所作的《关于修改党章的报告》中使用"党的法规"的提法。在这些讲话中，他指出"党章，党的法规，不仅是要规定党的基本原则，而且要根据这些原则规定党的组织之实际行动的方法，规定党的组织形式与党的内部生活的规则"，强调"并以此党规与党法去教育同志"[②]。刘少奇一方面将党章与党的法规并列，与毛泽东将党内法规视为较详细的规范是一致的；另一方面，这里所提到的党的法规不仅在纪律层面上具有制度性的因素，而且强调党的法规建设的发展方向。刘少奇强调党章与党的法规不能仅仅规定党的基本原则，而且要规定党的组织形式与工作方法、党的内部生活的规则，要依据党所处的

① 《毛泽东选集》第2卷，北京：人民出版社，1991年版，第528页。
② 《刘少奇论党的建设》，北京：中央文献出版社，1991年版，第400页。

内外环境和党的政治任务不断改进、教育党员，以促进党的工作的发展，保证党的政治任务的执行与行动的统一。

新中国成立之后，邓小平同志也多次提到“党内法规”的相关概念。1962年2月6日，邓小平在扩大的中央工作会议（“七千人大会”）上的讲话指出：“在毛泽东同志领导下，我们党建立了一套健全的党的生活制度。比如民主集中制、团结——批评——团结的方法……这些都是毛泽东同志一贯提倡的，是我们的党规党法。”[①] 但在实践中，新中国成立后我们党曾一度忽视了党内法规的建设问题。直到党的十一届三中全会，在总结“文化大革命”的教训中，邓小平第一次把党规党法与国家法律放在同等重要的地位，并在《解放思想，实事求是，团结一致向前看》这篇重要讲话中鲜明地指出：“国要有国法，党要有党规党法……没有党规党法，国法就很难保障。”[②] 邓小平在此次讲话中，一方面强调总结“文化大革命”的教训，将“党规党法”类比为“党的法律”，实现“公民在法律和制度面前人人平等，党员在党章和党纪面前人人平等”，“国要有国法，党要有党规党法”；另一方面，探讨了我们党成为执政党之后所面对的党规与国法关系的崭新命题。

在1987年召开的党的十三大上，我们党明确提出在新的历史条件下，要切实加强党的制度建设，走出一条党的建设“靠改革和制度建设”的新路子。1990年，中共中央颁布《中国共产党党内法规制定程序暂行条例》，正式使用“党内法规”这一名称。在该条例中明确界定了“党内法规”的概念，第二条规定：党内法规是党的中央组织、中央各部门、中央军委总政治部和各省、自治区、直辖市党委制定的用以规范党组织的工作、活动和党员的行为的党内各类规章制度的总称。这是中国共产党首次以党内立法的形式来规范党内法规的正式条例，首次规定了党内法规的概念、名称、适用范围和制定程序等，党内法规制定工作从此走上了规范化轨道。1992年党的十四大修改党章，把党的各级纪委的主要任务是“维

---

① 《邓小平文选》第1卷，北京：人民出版社，1994年版，第300页。
② 《邓小平文选》第2卷，北京：人民出版社，1994年版，第147页。

护党的章程和其他重要的规章制度”，修改为党的各级纪委的主要任务是“维护党的章程和其他党内法规”，“党内法规”自此正式写入党章。

之后，历届党的领导人都曾作出重要讲话强调党的制度建设、党内法规建设的重要性。2001年，江泽民同志在庆祝中国共产党成立80周年大会上的讲话中指出：“各级党组织和每个党员都要严格按照党的章程和党内法规行事，严格遵守党的纪律。”[①] 2006年，胡锦涛同志在十六届中央纪委六次全会上明确提出：“要适应新形势新任务的要求，加强以党章为核心的党内法规制度体系建设。”[②] 这是我们党历史上第一次提出建设党内法规制度体系这一重大任务。十八大以来，以习近平同志为核心的党中央坚持从严治党，不仅进一步明确了制度建设的重要性，还明确指出党内法规在其中的重要地位。2016年，习近平同志在全国党内法规工作会议上就加强党内法规制度建设作出重要指示：“党中央高度重视党内法规制度建设，推动这项工作取得重要进展和成效。加强党内法规制度建设是全面从严治党的长远之策、根本之策。”在党的十八届四中全会第二次全体会议上，习近平同志强调：“要完善党内法规制定体制机制，注重党内法规同国家法律的衔接和协调，构建以党章为根本、若干配套党内法规为支撑的党内法规制度体系，提高党内法规执行力。”在中央政治局第二十四次集体学习时，习近平同志指出，把中央要求、群众期盼、实际需要、新鲜经验结合起来，本着于法周延、于事有效的原则制定新的法规制度，完善已有的法规制度，废止不适应的法规制度。按照习近平同志指示要求，党内法规工作统筹协调力度空前加强。党中央把全面深化改革和制度创新有机结合起来，以党章为根本遵循，不断完善党内法规制度体系，把各项纪律和规矩立起来、严起来，在全党上下树立了“治国必先治党，治党务必从严，从严必依法度”的理念。在党的十九大报告中提出增强依法执政本领，加快形成覆盖党的领导和党的建设各方面的党内法规制度体系，加强和改善对国家政权机关的领导。

---

① 《江泽民文选》第3卷，北京：人民出版社，2006年版，第290–291页。
② 《十六大以来重要文献选编》下册，北京：中央文献出版社，2008年版，第199页。

几十年来，党内法规这一概念经党的领导人经常使用、党内文献正式确认，内涵外延逐渐明确，在党建理论中地位更加重要。

第二节　党内法规的概念

按照《中国共产党党内法规制定条例》第二条规定，党内法规是党的中央组织以及中央纪律检查委员会、中央各部门和省、自治区、直辖市党委制定的规范党组织的工作、活动和党员行为的党内规章制度的总称。党章是最根本的党内法规，是制定其他党内法规的基础和依据。

一、党内法规是党的统一意志的集中体现

党内有权机关通过一定程序有选择地把一定党内关系及行为纳入党内法规调整范畴，并使得党内法规能够最大限度地表达党员的利益和意志。党章是党的统一意志的集中体现，其他中央党内法规、部委党内法规、地方党内法规是在不同层次、不同领域、不同地域对党的统一意志的具体体现。

党的统一意志对于任何一个政党都是十分重要的。一方面，政党是有共同政治意愿的人们自愿组成的政治组织；另一方面，政党是一个由许多成员、不同层级的组织按照一定组织原则而构成的矛盾统一体，正如刘少奇所说："我们的党，不是许多党员简单数目字的总和，而是由全体党员按照一定规律组织起来的统一的有机体，而是党的领导者被领导者的结合体，是党的首脑（中央），党的各级组织和扩大党员群众按照一定规律结合起来的统一体"。[①] 我们党是由有共同理想和信仰的个人形成的组织，这些人同时生活在社会中，所以当今中国社会各群体多元化和复杂化也随之体现在党内。这些多元化体现为思想利益、文化追求和生活方式的多元性和矛盾性，因而一个政党必须有统一意志才能保有政

---

① 《刘少奇论党的建设》，北京：中央文献出版社，1991年版，第326页。

党的凝聚力和战斗力，否则党员和党组织都自行其政、自行其是，党就无法团结统一、行动一致。党的统一意志对于执政党更为重要，我们党是长期执政党，是中国特色社会主义事业的领导核心，形成统一意志是改革开放伟大事业得以顺利进行的重要政治保障。如果没有集中的统一意志，就不会有统一指挥和统一行动，无法有效控制、制约、调整、协调国家和社会的各方面利益，会导致部门和地方在执政过程中各自为政、一盘散沙，是不可能完成执政使命的。

党的统一意志既不是党员个人意志或者个别党组织意志的简单相加、随意组合或简单折中，也不是少数几个主要领导个人意志的直接体现，而是党通过一定的程序，按照民主集中制的要求，将党员个体的意志上升转化为一种抽象、整体性的价值选择、判断标准和共同意志。党的统一意志源于组织的全体成员，排除所有迎合私人利益的企图，“……共同意志永远是公正的，而且永远以公共利益为依归”[①]。制定党内法规，形成统一意志的过程体现了党的意识选择、整合以及价值导向能力。党内法规的起草、审批和发布等各个环节都要遵循特定原则和严格程序，体现了完整的政治参与、政治决策机制的要求，这使得党内法规的制定更加民主化、科学化，能够充分体现党内民主和多数党员的意志，进而反映、体现全国人民利益与愿望，使党规的内容更符合实际，党规的体系也更具内在协调性，形成政党赖以存在和发展的最基本的制度保证。党内法规一经制定就成为全党的意愿和要求，一旦形成便具有一定的稳定性，任何组织和党员个人都必须自觉服从和严格遵守，都必须平等地在党内法规所规定的权限范围内行使权利、履行义务、承担职责，违反党内法规就必须无一例外地受到党纪制裁。

二、党内法规由党的特定机关制定或认可

由党的特定机关在规定的职权范围内，依照规定程序制定和认可是

① 卢梭著，何兆武译：《社会契约论》，北京：商务印书馆，2005年版，第35页。

创制党内法规的两种基本形式。认可就是承认已有的约定俗成的行为模式或党在长期实践中形成的优良传统和工作惯例，并赋予他们党内法规效力。制定虽是创制新的党内法规，是人们有目的的自觉活动的过程和结果，但也不是凭空预先设计的产物，而是来源于党的建设和党的工作实践，往往是带有一定预见性的逐渐积累的经验与党内关系模式总结。

党内法规作为党整体意志的体现，其制定主体只能是党的特定机关，是有资格代表和体现党的统一意志的党组织。按照《中国共产党党内法规制定条例》的规定，必须省部级以上的党的组织才有制定党内法规的权力。除此之外，其他任何组织和个人包括党的领导人都无权制定和发布党内法规，其他任何组织制定的党内文件和党的领导人包括党的领袖的指示、讲话、著作也不是规范的党内法规。“文化大革命”中的“一句顶一万句，句句是真理”，以及把领袖的话看作“最高指示”等，更是极端错误的。

党的中央组织制定的党内法规，称为中央党内法规。这里的党的中央组织是指党的全国代表大会、中央委员会、中央政治局及其常委会。中央军委及其总政治部制定的党内法规称为军队党内法规。按照《中国共产党党内法规制定条例》第三十四条规定，中央军事委员会及其总政治部依照本条例的基本精神制定军队党内法规。军队党内法规涵盖党的思想、组织、作风和廉政建设等方方面面，基本形成了内容协调、程序严密、配套完备、有效管用的制度体系，为依法、有序开展军队党的建设工作提供了依据。由于军队党内法规在制定机关、制定程序、适用范围等方面具有特殊性，军队党内法规的立规制度和工作机制具有自身特点。一般的党内法规的调整范围并不包括军队，往往会在条文中直接规定，由相关的军事制定主体制定补充规定或者单项规定。例如在2015年修订的《中国共产党纪律处分条例》附则第一百七十六条中规定，中央军委可以根据本条例，结合中国人民解放军和中国人民武装警察部队的实际情况，制定补充规定或者单项规定。中央党内法规明确了党内法规制定工作的方针政策、指导思想、基本原则、价值取向和战略目标。

《中国共产党党内法规制定条例》明确界定只有中央有权制定党规加以规范的重大事项，其中第三条规定，下列事项应当由中央党内法规规定：党的性质和宗旨、路线和纲领、指导思想和奋斗目标；党的各级组织的产生、组成和职权；党员义务和权利方面的基本制度；党的各方面工作的基本制度；涉及党的重大问题的事项；其他应当由中央党内法规规定的事项，这些都属于中央党规保留事项。

中央纪律检查委员会通过的一定程序制定的用以规范党的纪律检查工作和党组织、党员行为的规章制度，称为纪检条规。当然，纪检条规不完全是由中央纪律检查委员会制定的，按照制度的重要性不同，有些直接由党的中央组织制定。这里特别强调中央纪委，是因为中央纪委由党的全国代表大会选举产生，地位特殊，是中国共产党中央委员会的专责监督机关，担负维护党的章程和其他党内法规，检查党的路线、方针、政策和决议的执行情况，协助党的委员会加强党风建设和组织协调反腐败工作的主要任务，其所承担的党纪处分职能是其他机构所不能代替的。中央各部门制定的党内法规，称为部门党内法规。中央各部门主要包括中央组织部、中央宣传部、中央统战部、中央对外联络部、中央政法委、中央政研室、中央编办、中央直属机关工委、中央国家机关工委等，其中中央组织部制定的党内法规较多。省、自治区、直辖市党委制定的党内法规，称为地方党内法规。《中共中央关于加强党内法规制度建设的意见》提出探索赋予副省级城市和省会城市党委在基层党建、作风建设等方面的党内法规制定权，主要目的是为了鼓励有关地方党委先行先试、积极探索，为依规管党治党提供更多基层实践样本。

三、党内法规以党内主体的义务和权利为核心内容

任何党内法规直接、间接都是关于党组织或党员的义务和权利的规范，来确认、保护和发展一定的党内关系，以便形成对党的领导行为和党内关系的调整。

党内法规明确规定了党组织和全体党员可以做什么、应该做什么、不该做什么，以及违反党内法规该承担何种后果和责任。党员和党组织同时享受权利和承担义务，权利和义务是不可分割彼此联系的两个方面，相辅相成有机统一于党员和党组织的行为中。马克思说，没有无义务的

权利，也没有无权利的义务。权利是党内法规赋予党内主体作为或不作为的许可、认定及保障，促使其做出合乎规范的行为，产生对党内关系有益的影响。权利背后是利益实现的可能性，是否将此可能性转变为现实，党内主体有选择的自由，党组织和其他党员应尊重其所做的选择。当党员的权利实现受到侵犯或阻碍时，党组织有责任运用强制手段保护或帮助党员实现其权利。义务指的是作为党内主体应当履行的责任，表现为党通过党内法规要求党内主体必须为某种行为或禁止为某种行为。如果党内主体不履行或不依法履行，党组织就要强制其履行甚至给予纪律制裁，使其承担不利后果。

党内法规规定的党内主体的义务和权利如同一般法律规定那样具有不可分性和对等性，同时强调“义务优先”的价值导向。体现在文本中，与宪法把公民权利规定在公民义务之前的结构不同，党章把党员义务摆在党员权利之前，体现出党员在党的政治生活中要遵循“义务优先”的理念。党章强调“义务优先”与中国共产党的性质紧密相连，是为了实现中国共产党全心全意为人民服务的宗旨，党员入党非但不能取得优于普通公民的特权，而且要为党分忧、为国尽责、为民奉献。党员的义务多于、标准高于党外公民，强调对党员在工作中和社会生活各方面更要高标准严要求。当然，党员的权利与义务仍然是对等的，义务优先，也绝不意味着党员权利重要性降低。

四、党内法规由党内的强制力保证实施

从整体上看，党内法规是全体党员共同意志的体现，而共同意志是需要组织性来保障、制度来制约的，这就决定了党的组织和党员必须遵守党内法规，这才能真正保证党内法规权威性。党内法规的科学制定只是党内法规的一种“应然”状态，一经颁布实施，就使得党内法规开始从“应然”状态转向“实然”状态。各级党组和全体党员必须严格遵守和执行，绝不允许有超越党内法规的特权，任何违反党内法规的行为都要受到相应的惩罚。党员是赞同政党的纲领和政策、遵守党章、自愿加入党的成员，所以党员具有自觉遵守和执行党内法规的积极性，这在某

种程度上会使得党内法规的强制性因素有所弱化。理想状态是党员自觉把遵守党内法规视为习惯或党性自觉的要求，但实际上，在党内法规关系的正常运行中，有时还是需要党内权力确认、保护的参与作用；在违规行为的情况下，需要有权机关的制裁作用。所以，党内法规确立的党内关系调整预期的实现，固然离不开党员觉悟和自觉性，但完全依靠自觉性是不可行的，如果没有党内的强制力作为后盾，没有监督惩戒机制，党内法规所体现的意志就得不到贯彻和保障。由党的纪检部门和其他有关的有权组织在授权范围内，依照法定的程序确保党内法规的贯彻实施，这是党内法规区别于其他党内制度或规范的鲜明标志。

五、党内法规具有特定的外在表现形式

党内法规因其制定机关和规范内容与领域的不同而采用特定的外在表现形式，构成一个层次分明、逻辑严谨、内容全面、和谐互动的有机整体。按照《中国共产党党内法规制定条例》规定，党内法规的名称为党章、准则、条例、规则、规定、办法、细则。党章对党的性质和宗旨、路线和纲领、指导思想和奋斗目标、组织原则和组织机构、党员义务和权利以及党的纪律等作出根本规定。准则对全党政治生活、组织生活和全体党员行为作出基本规定。条例对党的某一领域重要关系或者某一方面重要工作作出全面规定。规则、规定、办法、细则对党的某一方面重要工作或者事项作出具体规定。其中，规则是规范党的机关的议事程序和工作方法的党内法规，常见的有议事规则、工作规则等；规定是调整党内生活中的某一类关系或者某一方面工作的党内法规，规范的范围和对象比较集中，措施和要求比较具体；办法是对贯彻执行条例、规定或者进行某项具体工作的方法、步骤和措施作出规定的党内法规，所涉及的工作更为具体；细则是为保证条例、规定正确实施而制定的配套规范，是对相关党规内容细化、具体化，具有很强的操作性。中央纪律检查委员会、中央各部门和省、自治区、直辖市党委制定的党内法规，称为规则、规定、办法、细则。党内法规的内容一般采用条款形式，有时候也会根据情况使用段落论述的形式。

六、党内法规具有规范性

作为一种社会规范，党内法规是要确立党内的规则和规范党内秩序，维护党的集中统一，这就要求它必须运用规范性、严肃性和相对独立性的调整方式，具有一般社会规范所普遍具有的特征。

一是具有普遍性。党内法规属于一般性的调整规范，不是针对具体对象或特定场合，而是针对某类群体，考虑的是不特定的某类情况，反复地强调某类群体在某种状况下都要按照这种规范的模式、标准、样式、尺度而行为，保证了党组织和党员行为的规范性和有序性，从而在根本上保障党内活动的有效运行和党内关系的有效调整。

二是具有抽象性，在制定党内法规过程中更强调调整对象的典型要求和最重要的特征，而不是他们局部性或者次要性特征，提供抽象的行为模式。在一般情况下，由较高层次党规制定主体制定的效力等级高、适用范围广的党内法规，其内容的抽象性程度往往也比较高；而效力等级比较低或适用范围比较窄的规范，其内容也比较具体。

三是具有相对稳定性，主要是指党内法规是由党的权力机关通过一定的程序，按照一定的规则来制定、修改和废除的，它比习惯、惯例更稳定，它不因领导人的更换而改变，也不因领导人的看法和注意力的改变而改变。相对稳定性因为其“相对”，也给党内法规根据社会客观情况的变化和管党治党的要求而进行必要的立、改、废留下了空间和余地。

根据党内法规的特征，一些研究者注意到党内法规在法学理论上的意义，并提出党内法规是类似于社会法、国际法的软法，已经具有“特殊法律性质”。有些学者认为，软法是与硬法相对的一个概念，是指国家机关或社会组织制定或认可的，没有法律约束力和国家强制力，主要依靠规则本身的吸引力，有关机构或组织柔性的、激励性的手段，共同体的威信、信誉和舆论，以及人们对规则的赞同、认可及自律等来保障其实施的，具有事实上的约束力的行为规则。如果以此为概念和特征，党内法规也可视为是一种软法。

第三节　党内法规与其他相关概念的区别

在实践当中，党内法规在理论的理解和实践的运用上有时还存在与其他党内相关概念的混用，准确认识它与一些相关概念的区别，认识它与国家法律的区别，有助于明确党内法规的内涵与外延，加强党内法规建设的体系化和科学化。

一、党内法规与党的制度

制度是伴随着集体、社会的产生而产生的概念，是人们行动的准则和依据，具有指导性和约束性；是影响组织发展的决定性因素，带有根本性、全局性、稳定性和长期性。“制度就是稳定的、受珍重的和周期性发生的行为模式。制度化是组织和程度获取价值观和稳定性的一种进程。”① 制度作为组织成员共同遵守的、具有根本性与稳定性的规矩，它既可指某一具体、单一的制度，也可指一套制度体系，如社会制度、法律制度、政治制度、政党制度等。党的制度是党组织存在和发展的必要条件，否则缺乏规范和制约的党内关系、党员党组织的行为，会使得工作无法有效开展、政党无法正常运行。邓小平曾强调：“这种制度问题，关系到党和国家是否改变颜色，必须引起全党的高度重视。”② 在党内法规建设研究中，经常会遇到“党内法规”和“党的制度”这两个基本概念，有时候我们在表述中也会不加区别，或者直接使用党内法规制度体系，但其实两者还是有一定区别的：

（1）概念的内涵不同。与党内法规含义相比，党的制度含义较为宽泛。“党的制度应当是整个党的组成和运作所依据的原则、体制、规则和程序等的总和”③，因此党的制度是推进中国共产党治国理政和自身建设关

① 塞缪尔·P.亨廷顿：《变化社会中的政治秩序》，北京：三联书店，1996年版，第12页。

② 《邓小平文选》第2卷，北京：人民出版社，1994年版，第333页。

③ 陈登才，张文正，卢先福：《党的领导和党的建设》，北京：中央党校出版社，1997年版，第223页。

系规范化、科学化所必须依据的原则、体制、规则和程序的综合。中共中央党校教材《党的领导和党的建设》一书将其划分为三个层次：一是党作为政治组织在运作时处理内部各种关系所遵循的根本原理和原则；二是对党的组织、党的干部和党员的活动作出的各种具体规定和要求，表现为规范这类活动的各种规则、准则、程序、条例等；三是按照一定的目标，在对上述各项原则、规定、要求进行选择、协调、调整的基础上形成的体制和机制。党内法规是党的中央组织以及中央纪律检查委员会、中央各部门和省、自治区、直辖市党委制定的规范党组织的工作、活动和党员行为的党内规章制度的总称。党内法规与党的制度第二层含义相类似。

（2）外在表现形式不同。党内法规是制定的，是成文的形式。多数党的制度是由党内法规体现出来的，但也有党的制度未采用党内法规的形式。而且党的制度中有些是“形成”的而不是“制定”的，并没有成文的形式。董必武就曾指出：“制度有的是成文的，有的是不成文的。”

（3）制定主体及权限不同。根据《中国共产党党内法规制定条例》规定，党内法规的制定主体是党的中央组织以及中央纪律检查委员会、中央各部门和各省、自治区、直辖市党委，其他机关则没有这一权力。而党的制度的制定主体没有明文加以限制，由于在党内生活中存在大量尚没有党内法规或者暂不需要以法规形式进行规范的领域和问题，党的各级组织都可以按照必要性制定党的各种制度，来实现党的领导和党的各项工作的规范化。

（4）内在体系不同。根据《中国共产党党内法规制定条例》规定，党内法规的名称为党章、准则、条例、规则、规定、办法、细则。按照效力等级可以把党内法规分成四级，其中党章是根本的，是最高层级法规；准则次之，较为宏观、内容概括性比较强，比如《关于新形势下党内政治生活的若干准则》《中国共产党廉洁自律准则》等；条例再次之，一般规定某一方面的工作或某领域党内关系，比如《中国共产党纪律处分条例》《中国共产党权利保障条例》等；规则、规定、办法、细则等级最低，一般规定相对具体的工作或事项，比如《事业单位领导人员暂行规定》《中国共产党党委（党组）理论学习中心学习规则》。从分类的角度来说，制度可以细分为根本制度、基本制度和具体制度。根本制度体现了事物发展的根本原理和原则，是事物发展的质的规定性的总和，具有基础性和关键性；基本制度是规范某领域或某方面的体制设计与管理机制，体现根本制度要求，制约具体制度的实现程度；具体制度指规范具体决策、具体方式方法的制度，往往具有极强的可操作性，是落实和体现根本制度与基本制度的关键环节。党的制度的体系则包括三个层面：一是以民主集中制为核心的党的根本制度；二是表现为党的组织体制和活动机制的基本制度，如党的领导体制、党的代表大会制度、党内选举制度、干部制度、党内监督制度等等；三是党的各项具体制度，如党员发展制度、基层党组织"三会一课"制度、干部考察制度、公示制度等等。三个层面由宏观、中观到微观，构成一个完整的体系。[①]

二、党内法规与党的规矩

"治理一个国家、一个社会，关键是要立规矩、讲规矩、守规矩。"[②]"规矩"是习近平同志首先提出的一个概念。规、矩，校正圆形、方形的两种工具，多用来比喻标准法度，是"约定俗成或明文规定的标准"。[③] 2015年1月，习近平同志在党的第十八届中纪委五次全会上强调，"要加强纪律建设，把守纪律讲规矩摆在更加重要的位置"，"努力在全党营造守纪律、讲规矩的氛围"。

党的规矩与党内法规是有区别的两个概念。

（1）概念内涵不同。习近平同志明确界定了党内规矩的定义，即：规矩是党的各级组织和全体党员应当遵守的一切行为规范和规则的总和。规矩是党内特定环境和文化下的自发产物，是党内实际运行的行为规则，

---

① 韩强：《党内法规与党内制度的区别》，《廉政瞭望》，2007年第5期。

② 《习近平关于严明党的纪律和规矩论述摘编》，北京：中央文献出版社、中国方正出版社，2016年版，第6页。

③ 《现代汉语词典》，北京：商务印书馆，1996年版，第474页。

不以是否为党内明确规定为转移。

规矩更多是从主体角度加以定义的，效力范围有特定的时空要求，具有明显的群体性特征。既有所有党组织和党员普遍需要遵守的规矩，也有领导干部、高级干部所需要遵循的规矩；既有相同级别领导干部统一遵守规矩，也有相同级别因为不同工作岗位而差别适用的规矩；既可以在全国或某一地区、某一领域内适用，也可以针对某类工作、某类岗位适用；不同时期、不同发展阶段的规矩可有所不同。2014年，习近平同志在党的第十八届四中全会第二次全体会议上的讲话中提出不守规矩在政治上的“七个有之”表现，即：搞任人唯亲、排斥异己的有之；搞团团伙伙、拉帮结派的有之；搞匿名诬告、制造谣言的有之；搞收买人心、拉动选票的有之；搞封官许愿、弹冠相庆的有之；搞自行其是、阳奉阴违的有之；搞尾大不掉、妄议中央的也有之；如此等等。这是意在警示党员干部特别是领导干部自觉遵循不成文的政治上的自我约束，与这七种行为划清界限。2015年，习近平同志党在的十八届中纪委五次全会上特别提出领导干部所要遵守的规矩，“当领导干部就要有强烈的责任感，节假日尤其要自觉坚守岗位。没有说不让休息，但关键是如何休息、在哪儿休息，有没有考虑到自己肩负的职责。大部分领导干部在这个问题上做得是好的，节假日都能自觉坚守岗位。这不也是一种规矩吗？”①

（2）概念的外延不同。习近平同志列举了四种类型的规矩，分别是：党章、党的纪律、国家法律以及党的优良传统和工作惯例。具体明确为第一，党章是全党必须遵循的总章程，也是总规矩；第二，党的纪律是刚性约束，政治纪律更是全党在政治方向、政治立场、政治言论、政治行动方面必须遵守的刚性约束；第三，国家法律是党员、干部必须遵守的规矩；第四，党在长期实践中形成的优良传统和工作惯例。把“党的优良传统和工作惯例”明确地列入党的规矩的范畴并加以强调，是习近平同志重要的理论创新。他提出：“对我们这么一个大党来讲，不仅要靠党章和纪律，

---

① 《习近平关于严明党的纪律和规矩论述摘编》，北京：中央文献出版社、中国方正出版社，2016年版，第46页。

还得靠党的优良传统和工作惯例。这些规矩看着没有白纸黑字的规定，但都是一种传统、一种范式、一种要求。纪律是成文的规矩，一些未明文列入纪律的规矩是不成文的纪律；纪律是刚性的规矩，一些未明文列入纪律的规矩是自我约束的纪律。党内很多规矩是我们党在长期实践中形成的优良传统和工作惯例，经过实践检验，约定俗成、行之有效，反映了我们党对一些问题的深刻思考和科学总结，需要全党长期坚持并自觉遵循。”[①] 可见规矩可能是成文，也可能是不成文的。这是因为成文的规矩不可能囊括所有的对党员干部的要求，不可能穷尽地规范调整党员干部所有行为。

（3）效力不同。党内法规依靠党内强制力来保证实施；规矩包含的内容比较多，情况较为复杂。规矩当中的成文部分，即法律、党章和党的纪律是刚性的规矩，规定明确、具有很强操作性与刚性约束力，或者依靠国家强制力或者依靠党内强制力，总之最终仍须依靠某种强制力来实现。但党内优良传统和工作惯例是不成文的、相对柔性的规矩，党对其存在给予默示允许或者肯定，但并未直接予以党内强制力的保障，主要是依靠党员内心的主观意识或思维惯性的推动产生影响行为的效果，依靠党员的党性来确保实现。对党员干部而言，党纪国法等成文的“硬规矩”是规矩，必须遵守；优良传统和工作惯例等不成文的“软规矩”也是规矩，也必须遵守。正如习近平同志所言：“纪律是刚性的规矩，一些未明文列入纪律的规矩是自我约束的纪律。”[②] 他指出：“党内规矩有的有明文规定，有的没有，但作为一个党的干部特别是高级干部应该懂的。不懂的话，那就不具备当干部特别是高级干部的觉悟和水平。没有明文规定一定要报的事项，报还是不报，关键看党的观念强不强、党性强不强。领导干部违纪往往是从破坏规矩开始的。规矩不能立起来、严起来，很多问题就会慢慢产生出来。很多事实都证明了这一点。讲规矩是对党员、

① 《习近平关于严明党的纪律和规矩论述摘编》，北京：中央文献出版社、中国方正出版社，2016年版，第7–8页。

② 《习近平关于严明党的纪律和规矩论述摘编》，北京：中央文献出版社、中国方正出版社，2016年版，第7页。

干部党性的重要考验，是对党员、干部对党忠诚度的重要检验。”[①] 现实中，一些党员干部违规违纪违法，恰恰是从背离所应当遵循的看似柔性的优良传统和工作惯例开始的。规矩是多方面的，其中最重要的政治规矩，党中央对此特别明确提出了要自觉遵守规矩，要坚持五个必须：一是必须维护党中央权威，决不允许背离党中央要求另搞一套，必须在思想上政治上行动上同党中央保持高度一致，听从党中央指挥，不得阳奉阴违、自行其是，不得对党中央的大政方针说三道四，不得公开发表同中央精神相违背的言论；二是必须维护党的团结，决不允许在党内培植私人势力，要坚持五湖四海，团结一切忠实于党的同志，团结大多数，不得以人画线，不得搞任何形式的派别活动；三是必须遵循组织程序，决不允许擅作主张、我行我素，重大问题该请示的请示，该汇报的汇报，不允许超越权限办事，不能先斩后奏；四是必须服从组织决定，决不允许搞非组织活动，不得跟组织讨价还价，不得违背组织决定，遇到问题要找组织、依靠组织，不得欺骗组织、对抗组织；五是必须管好亲属和身边工作人员，决不允许他们擅权干政、谋取私利，不得纵容他们影响政策制定和人事安排、干预日常工作运行，不得默许他们利用特殊身份谋取非法利益。要做到这些，党员、领导干部就要树立政治意识、大局意识、核心意识、看齐意识，不断提高政治站位。

三、党内法规与党的政策

党的政策是党为实现一定政治目标、完成一定任务而确立的政治决策、指导原则与行动准则。党内法规与党的政策关系密切，二者在阶级本质、指导思想、基本原则等方面基本一致，都对党员和党组织的行为具有规范引导作用，但也有一些区别：

（1）从制定主体看，党的各级组织都可以根据形势的需要而制定相应的政策，而党内法规的制定主体至少是省级及以上党组织，其他机关

---

① 《习近平关于严明党的纪律和规矩论述摘编》，北京：中央文献出版社、中国方正出版社，2016年版，第8页。

没有这一权力。

（2）从内容看，党的政策主要规定行动的方向，具有纲领性，一般原则性规定较多。而党内法规主要是用来规范党组织和党员的行为，因而以行为规范为主，比较具体。

（3）从稳定性看，党的政策往往随着形势的变化而随时调整，具有阶段性、及时性和灵活性。而党内法规相对来讲，具有成熟性和较高的稳定性，其修改有着严格的法定程序。

（4）从效力范围看，从严格的逻辑意义上讲，党的政策是对本党党员具有直接约束力的政治准则。但中国共产党因其性质和执政地位，始终代表着广大人民群众的意志，因此在制定本党的政策时坚持把广大人民群众的利益作为根本的出发点和落脚点，并积极地、广泛地听取其他参政党的建议，然后通过全国人民代表大会法定程序将本党的政策转化为国家的公共政策，包括经济政策、改革开放政策、农村政策等。而党内法规的适用对象是党员和党组织。因此，政策适用的范围大于党内法规适用的范围。

（5）从形式看，党内法规的表现形式为党章、准则、条例等规范性文件，对党的各级组织和全体党员具有强制约束性。党的政策则通过决议、决定、声明、通知等要求各级党组织和党员贯彻落实。

（6）从实施手段看，党的政策主要靠自身的正确性和宣传教育来加以实施，而党内法规主要靠党员的自觉性和党的纪律确保实施。

四、党内法规与党内规范性文件

按照《中国共产党党内法规和规范性文件备案规定》，规范性文件是指中央纪律检查委员会、中央各部门和省、自治区、直辖市党委在履行职责过程中形成的具有普遍约束力、可以反复适用的决议、决定、意见、通知等文件，包括贯彻执行中央决策部署、指导推动经济社会发展、涉及人民群众切身利益、加强和改进党的建设等方面的重要文件。根据这一规定的精神，党内规范性文件的特征有：一是制定主体的特定性。不限于此规定中的需备案文件的制定主体，有权制定规范性文件的主体既包括各党委，又包括各级纪委和党委其他工作部门。二是功能与形式明确性。党内规范性文件具有引领和规制功能，是就某些事项对某些主体提出要求，所以请示、报告、会议活动通知、会议纪要、领导讲话、情况通报、工作要点、工作总结不是党内规范性文件，也不能采用报告、请示、批复、函、纪要等文种。三是内容的特定性。党内规范性文件是各级党委及其工作部门在履行职责过程中发布的对某一事项或某一问题的普遍性规定，主要是关于贯彻执行中央决策部署、指导推动经济社会发展、涉及人民群众切身利益、加强和改进党的建设等方面的问题。四是范围有外部性。对自身的机关内部工作制度、内部机构设置和工作方案或者具体的特定人事调整、表彰决定方面的文件不属于党内规范性文件。五是效力的普遍性。党内规范性文件针对不特定的党组织或者党员干部，具有普遍性。六是反复适用性。党内规范性文件在一段时间内持续有效，可以反复适用。

党内法规与党内规范性文件经常并列使用，有必要对二者进行明确的区别：

（1）从制定主体看，党内法规的制定主体只能是省级以上党组织，而党内规范性文件的制定主体更为广泛，既包括党内法规的制定主体，还包括党的其他组织。

（2）从文件名称看，党内法规的名称是特定的，分别是党章、准则、条例、规则、规定、办法、细则，其中规则、规定、办法、细则四种名称中央和地方党内法规均可使用，党章、准则、条例为中央党内法规专用名称。而党内规范性文件更强调了“文件”这个属性，一般采用决议、决定、意见、通知等文种。

（3）从表述形式看，党内法规具有更加完备的表现形式的形式要求，除党章和准则外，通常以条款形式来表述党内法规的内容。而党内规范性文件同其他党政机关公文一样，一般采用段落形式论述表述。当然，在实践中，地、市级以下党委及其工作部门由于没有党内法规的制定权限，所以有些规范特征明显的文件以规定、办法、细则为名称，采用条款式表述。

（4）从内容看，党内法规通常要对违规责任及其追究作出明确规定，而规范性文件则不一定要作出这方面的规定。

（5）从审核批准程序看，党内法规更为严密严格，一般要求采用会议审议批准方式，一般用印发通知的方式发布。而规范性文件则多采用领导签批方式。

（6）对是否公开的要求不同，党内法规一般都是公开的。虽然规范性文件和党内法规一样都具有效力范围的外部性，但是规范性文件没有公开发布的硬性要求，而且有时因为密级管理的客观需要是加密、涉密的，有的发到地市级，有的发到县级，有的限定在一定的群体内。

（7）从效力看，同一主体制定的党内法规与规范性文件，前者效力一般高于后者。

五、党内法规与国家法律

国家法律是由国家制定，并由国家强制力保证实施的，反映由特定物质生活条件所决定的统治阶级（或人民）的意志，以权利和义务为内容，以确认、保护和发展统治阶级（或人民）所期望的社会关系和社会秩序为目的的行为规范体系。党内法规与国家法律在本质上是一致的，是相互保障的。中国共产党是中国最高的政治领导力量，是中国唯一的执政党，是中国特色社会主义事业的领导核心，党通过立法程序将党和人民意志上升为国家法律。党规与国法在本质上是一致的，是党的主张和人民意志的统一，都是治国理政的规范依据，是相互补充、相辅相成的。但是由于属性不同，党内法规和国家法律在制定主体、文本形式、适用对象、严厉程度、实施方式、效力等级、制度标准等方面存在着明显的区别：

（1）制定主体不同。党内法规是由党的组织，包括党的中央组织以及中央纪律检查委员会、中央各部门和省、自治区、直辖市党委制定的。而国家法律是由国家的立法机关或者所授权的国家机关制定，包括人大、政府等国家机关。

（2）文本形式不同。党内法规的文本形式主要有党章、准则、条例、规则、规定、办法、细则七种，而国家法律的文本形式主要有宪法、法律、行政法规、地方性法规等多种。

（3）适用对象不同。国家法律的适用对象是全国的公民和组织，而党内法规的适用对象是党员和党组织。作为党员，首先是国家公民，必须遵守宪法法律，坚持和贯彻宪法确立的原则，并且还要带头模范地遵守国家法律法规，这是党章规定的党员义务。

（4）处罚的严厉程度不同。党内法规按照《中国共产党纪律处分条例》的规定，对党员的惩处仅限于警告、严重警告、撤销党内职务、留党察看和开除党籍五种，是基于党员的政治身份作出的决定。而国家法律对于公民的犯罪、违法、侵权等行为惩治更为严厉，可以限制人身自由、剥夺财产、剥夺政治权利，甚至判处死刑。

（5）实施方式不同。党内法规的实施由党的纪检机关保障，而且由于党内法规是建立在高度自觉基础上，所以还要靠广大党员和各级党组织自觉遵守。而国家法律的实施是以国家暴力机关来保障的，具有国家强制性。

（6）从效力等级看，国家法律高于党内法规。法律是一个国家一切制度的根基，是全体社会成员必须共同遵循的行为规范，一切国家机关和武装力量、各政党和各社会团体、各企业事业组织都必须遵守。党章总纲中明确规定：党必须在宪法和法律的范围内活动。作为中国特色社会主义法治体系的重要组成部分，党内法规制定与完善必须坚持和贯彻宪法确立的原则，内容和各项要求自觉体现宪法精神、维护宪法权威，任何组织和个人包括党和党员都必须遵守宪法规定，自觉按法定权限、规则、程序办事，党内法规的内容不得与宪法和法律相抵触、相矛盾。

（7）从制度标准看，党内法规严于国家法律。这是由中国共产党的先锋队性质决定的，由保持党的先进性和纯洁性，提高党的长期执政能力的要求决定的，也是党的历史地位和使命决定的。党规严于国法体现在两者的表述形式不同。虽然党规与国法都强调权利与义务对等，但是党规更突出“义务优先”的价值导向。与宪法把公民权利规定在公民义务之前的内容结构不同，党章把党员义务摆在党员权利之前，体现出党员在党的政治生活中要遵循“义务优先”的理念。党员的权利，按照刘少奇在党的七大上所作的《关于修改党章的报告》中指出，“规定党员的这些权利，会要提高党员群众的积极性与责任心，保障党员群众对于一切损害党的利益的现象进行斗争”，更加强调发挥党的整体优势，实现党的奋斗目标的保障作用。强调“义务优先”与中国共产党的性质紧密相连，是为了实现中国共产党全心全意为人民服务的宗旨，党员入党非但不能取得优于普通公民的特权，而且要为党分忧、为国尽责、为民奉献。党规严于国法体现在两者的调整范围不同。国法只调整行为主体行为，党规不仅调节党员的行为，也调节思想，主要涉及对党员的政治理想、信念、信仰方面，要求共产党员要做彻底的唯物主义者，不能信仰宗教。党规严于国法体现在二者对调整对象提出的要求类型不同。因为党规是政党作为政治组织调整党的领导与自身建设的行为准则，所以必然强调政治性和组织性的相关规定，而国法没有这样的要求。党规严于国法体现在二者对调整对象提出要求的标准不同。党员是负有特殊政治责任的公民，政党对其更要高标准严要求，比法律对公民的要求要严格得多。例如，党员义务包括党员必须吃苦在前、享受在后、克己奉公、多作贡献，党员必须在一切困难和危险的时刻挺身而出、英勇斗争、不怕牺牲，等等。党规严于国法体现在要求主体达到的境界不同。国法给公民划出行为底线，要求公民不能违法成为坏人；党规给党员划出道德的高线，要求党员尽量以发挥先锋模范作用的标准要求自己。

第四节　党内法规的功能

党内法规功能的充分发挥可以确保维护党内秩序、规范党内生活、保护和发展符合党的基本价值的党内关系以及保障党员权利的目标的顺利实现。

党内法规的不同功能指向的对象是不同的。党内法规的确认功能的对象主要是党内秩序；指引功能的对象主要是本人的行为；评价功能的对象主要是他人的行为；预测功能的对象是党内主体相互的行为；强制功能的对象是违反党内法规的违规者的行为；教育功能的对象是一般党员的行为。

一、确认功能

确认功能指的是党内法规对党员和党组织的行为模式和党内秩序的一种肯定，并使其获得党内法规的保障。任何一个政党生存和发展的必要条件是党内关系的协调和谐、组织活动的稳定有序、党内生活的严肃认真且充满活力，这也是一个政党能更好领导和执政的必要要求。党内法规的根本性、稳定性和长期性确认和保证了这样一种秩序的基本稳定。确认功能表现为对客观存在的党内关系以及在此基础上形成的权利义务观念，通过党内法规予以肯定，进而使之转化为一种党内法规意义上的权利义务关系。比如对于党员入党条件与标准的调整。《中国共产党章程》第一条规定："年满十八岁的中国工人、农民、军人、知识分子和其他社会阶层的先进分子，承认党的纲领和章程，愿意参加党的一个组织并在其中积极工作、执行党的决议和按期交纳党费的，可以申请加入中国共产党。"这既是做一名共产党员的起码要求，也是申请入党的基本条件。入党条件不是一成不变的，党始终坚持增强党的阶级基础、扩大党的群众基础的要求，并根据自身地位和任务的变化，实事求是、与时俱进，不断调整党员标准，提高党员质量。一大党纲就明确了入党标准，规定："凡承认本党党纲和政策，并愿成为忠实的党员者，经党员一人介绍，不分性别、国籍，均可接收为党员，成为我们的同志。"党第三次修改党章时，对入党资格增加了"服从党的决议，参加在党的一定组织中工作并缴纳党费"以及"党员年龄须在十八岁以上"的内容。中华人民共和国成立后，尤其是改革开放以后，中国非公经济蓬勃发展，出现了民营科技企业的创业人员和技术人员、受聘于外资企业的管理技术人员、个体户、私营企业主、中介组织和其他新社会组织的从业人员、自由职业人员等社会阶层，他们参政议政的热情不断高涨。我们党实事求是，不断解放思想，尤其是破除把民营企业家一概认为是剥削者的传统观念，开始探讨民营企业家及其他社会阶层先进分子入党的问题。2001年7月，江泽民在建党80周年大会上指出："同时也应该把承认党的纲领和章程、自觉为党的路线和纲领而奋斗、经过长期考验、符合党员条件的社会其他方面的优秀分子吸收到党内来”[①]。2002年，党的十六大对党章作出修改，把党章中党员发展对象里的“其他革命分子”修改为“其他社会阶层的先进分子”。这是党在理论、观念上的一次创新，符合党在社会主义初级阶段的基本纲领，符合党的实事求是的思想路线，也反映了新时期中国社会阶层结构的新变化对党的建设提出的新要求，是顺应市场经济和社会发展的需要不断增强党的阶级基础和扩大党的群众基础的必然反映。

确认功能还表现为对党内各组织各部门的职权确认和划分，表现为对党各项工作总体要求和主要任务等根本性问题的确认。比如统一战线工作方面，近年来，各级党委明确认识统一战线工作作为全党的工作的重要性，并按照中央要求，普遍建立了由党委统一领导、统战部牵头协调、各有关部门和人民团体各负其责的体制机制，建立了党委负责同志联系党外人士制度，对统战工作给予有力领导。《中国共产党统一战线工作条例（试行）》及时总结实践经验，深化加强了党对统战工作领导的职责要求，在第六条中第一次对中央和地方各级党委开展统一战线工作的主要职责作出全面规定，明确党委（党组）主要负责人是统战工作的第一责任人，党委（党组）领导班子成员要带头学习宣传和贯彻落实党的统一战线理论、方针、政策和法律法规，带头参加统一战线重要活动，带头广交深交党外朋友。适应不同历史时期统一战线面临的形势任务不同，该条例从党内法规的角度明确了各级党委（党组）开展统战工作的主要职责，以巩固发展全党重视统一战线的良好局面，为全党做好统战工作发挥指导作用。

二、指引功能

指引功能指的是党内法规对党组织和党员提供一个既定的行为模式，引导和规范党组织如何开展活动、党员如何行动。党内法规正是通过对党组织和党员行为或行为倾向的整合、约束和指引，使党组织和党员的

---

① 《在庆祝中国共产党成立八十周年大会上的讲话》，北京：人民出版社，2001年版，第40页。

行为达到党内法规原则和规定所预设的要求，从而把特定的党内关系纳入有序的状态之中，实现党领导执政的科学化、民主化和法制化，实现党内法规的价值目标。

对人的行为的指引可分为两种：一种是个别指引，即通过一个具体的指示就具体的人和情况的指引；另一种是规范性指引，即通过一般的规则就同类的人或情况的指引。如同一般的社会规范，党内法规对党组织和党员的行为是规范性的指引，指引的内容是对党组织和党员的行为本身，但并非只对特定主体有效，而是对党内所有的党组织和党员均发挥着作用，使得他们根据党内法规的规定选择和决定自己的行为模式。

党内法规的指引功能包括确定的指引、授权的指引。确定指引一般是规定义务的规范所具有的功能，它所规定的行为方式是明确而肯定的，是强制性而非选择性，不允许任何个人随意地变更和选择。确定的指引可能表现为党内法规明确规定党员或党组织必须或者应该这样作为。比如《中国共产党党内监督条例》第二十四条明确规定，坚持和完善领导干部个人有关事项报告制度，通过两个“应当”和一个“一律”，即领导干部应当按规定如实报告个人有关事项，及时报告个人及家庭重大情况，事先请示报告离开岗位或者工作所在地等和有关部门应当加强抽查核实，以及对故意虚报瞒报个人重大事项，篡改伪造个人档案的，一律严肃查处，分别明确领导干部和有关部门在报告制度方面的义务和责任。指引功能还体现为党内法规明确规定党组织和党员被禁止做出某种行为，明确他们不应该这样作为。根据2015年修订的《中国共产党纪律处分条例》第九条至第十二条规定，党员受到警告处分，一年内不得在党内提升职务和向党外组织推荐担任高于其原任职务的党外职务。党员受到严重警告处分，一年半内不得在党内提升职务和向党外组织推荐担任高于其原任职务的党外职务。党员受到撤销党内职务处分，二年内不得在党内担任和向党外组织推荐担任与其原任职务相当或者高于其原任职务的职务。留党察看处分，分为留党察看一年、留党察看两年。留党察看期限最长不得超过两年。党员受到留党察看期间，没有表决权、选举权和被选举权。党员受到留党察看处分，其党内职务自然撤销。对于担任党外职务的，应当建议党外组织撤销其党外职务。受到留党察看处分的党员，恢复党员权利后二年内，不得在党内担任和向党外组织推荐担任与其原任职务相当或者高于其原任职务的职务。党员受到开除党籍处分，五年内不得重新入党。通过一系列“不得”的禁止性规定明确了党纪处分的影响期，有利于统一执纪标准，提高执纪严肃性。同时，一般对于以上两种确认性指引功能所涉及的义务性规定，还会进一步明确如果违反这种规定所应承担某种否定性的党内法规后果，包括纪律处分和责任追究等。《中国共产党纪律处分条例》第七条概括性地规定了对党员的纪律处分种类包括警告、严重警告、撤销党内职务、留党察看和开除党籍。比如对故意虚报瞒报个人重大事项、篡改伪造个人档案资料的，《中国共产党纪律处分条例》第六十七条规定，区分不同类型，规定情节较重的，给予警告或者严重警告处分；情节严重的，给予撤销党内职务或者留党察看处分。《中国共产党问责条例》第七条概括规定了对党组织的三种问责方式和对党的领导干部的四种问责方式，并规定可以单独使用也可以合并使用。

授权的指引一般是规定权利的规范所具有的功能，代表一种有选择的指引，一般体现为党内法规规定党组织和党员可以这样行为，即不强行要求党组织和党员做出一定行为，也不禁止党组织和党员不得做出一定行为，意味着党组织在这些方面有自由裁量权，党员也可以在行为与否之间或行为方式之间进行自由意志的选择。例如，《中国共产党问责条例》第八条规定，问责决定应当由党中央或者有管理权限的党组织作出。其中，对党的领导干部，纪委(纪检组)、党的工作部门有权采取通报、诫勉方式进行问责；提出组织调整或者组织处理的建议；采取纪律处分方式问责，按照党章和有关党内法规规定的权限和程序执行。问责条例中的“应当”是确定的指引，意味着只能由党中央或者有管理权限的党组织做出问责决定；“有权”是授权的指引，意味着具体方式的采用是相关组织自由裁量权的范畴。《中国共产党党员权利保障条例》第七条规定，党员有权在党的会议上参加关于党的政策和理论问题的讨论，并充分发表自己的意见。党员有权在党报党刊上参加党的中央和地方组织组织的关于党的政策和理论问题的讨论。党员权利保障条例中的“有权”体现的是，党员是否行使自己的讨论权或在哪个特定场合实现讨论权允许党员自行决定。

三、评价功能

不同层级、效力范围的社会规范体现着对所调整的社会关系价值的潜在评估，是对他人行为的一定的、客观的评价准则。作为一种社会规范，党内法规也暗含着对它所调整的党内关系的价值评估，这种评价是渗透到规范中的。党内法规是对党的领导和党内秩序的一种认可和发展，这种认可和发展中暗含着党的立场与态度的表达，发挥着判断、衡量党组织和党员的行为是否符合党的价值追求的评价作用。在党内，党内法规是一个重要的普遍的评价准则，成为判断“合规”与“违规”、“遵纪”与“违纪”的准绳，成为判断党员是否合格、党组织运行是否规范的明确标准。

我们党是马克思主义政党，共产党员要做坚定的马克思主义无神论者，这是由我们党的性质决定的。党内法规明确列举了三种情况，都是违反政治纪律、信仰不坚定、理想信念动摇的体现，但是思想认识水平、政治觉悟出问题的性质不同，对党的执政之基的危害不同，所以对其评价和处分也就不尽相同。例如，2015年修订的《中国共产党纪律处分条例》第五十条规定，组织、参加会道门或者邪教组织的，对策划者、组织者和骨干分子，给予开除党籍处分。对其他参加人员，情节较轻的，给予警告或者严重警告处分；情节较重的，给予撤销党内职务或者留党察看处分；情节严重的，给予开除党籍处分。对不明真相的参加人员，经批评教育后确有悔改表现的，可以免予处分或者不予处分。邪教组织有着“反科学、反人类、反社会、反政府，危害社会”的实质，党员应自觉增强识别抵制防范邪教组织的意识和敏感性。《中国共产党纪律处分条例》第五十五条规定，组织、利用宗教活动反对党的路线、方针、政策和决议，破坏民族团结的，对策划者、组织者和骨干分子，给予留党察看或者开除党籍处分。对其他参加人员，情节较轻的，给予警告或者严重警告处分；情节较重的，给予撤销党内职务或者留党察看处分；情节严重的，给予开除党籍处分。对不明真相被裹挟参加，经批评教育后确有悔改表现的，可以免予处分或者不予处分。有其他违反党和国家宗教政策的行为，情节较轻的，给予警告或者严重警告处分；情节较重的，给予撤销党内职务或者留党察看处分；情节严重的，给予开除党籍处分。这条规定要求，共产党员对宗教活动要有清醒准确的认识和判断。党员干部应团结信教群众，发挥宗教界人士和信教群众在促进经济发展和构建和谐社会中的积极作用。但是，宗教活动必须在法律和政策范围内进行，任何人不得利用宗教反对党的领导和社会主义制度，危害国家统一，破坏社会稳定和民族团结。《中国共产党纪律处分条例》第五十八条规定，组织迷信活动的，给予撤销党内职务或者留党察看处分；情节严重的，给予开除党籍处分。参加迷信活动，造成不良影响的，给予警告或者严重警告处分；情节较重的，给予撤销党内职务或者留党察看处分；情节严重的，给予开除党籍处分。对不明真相的参加人员，经批评教育后确有悔改表现的，可以免予处分或者不予处分。党员组织或者参加封建迷信活动的意识深处，是理想信念的动摇，是信仰缺失、精神颓废、堕落迷途的表现。通过划分以上三种情况有利于党员准确认识党对自己主观认识和客观行为的评价，认清自己行为的性质，始终保持坚定的政治立场。

党内法规的评价功能还体现为对各级党组织的运作和作用的发挥提供了明确的判断标准。例如《中国共产党党组工作条例（试行）》全面规范了党组的设立、职责、组织原则、议事决策，对监督检查、责任追究提出明确要求，是党组工作方面的基础主干党内法规，为党组设立和运行是否规范有效提供了明确的判断标准。

需要我们注意的是，党规是公开的，那么党规的评价功能的体现就会包括党内主体评价与社会评价两种方式。把党内法规作为尺度和标准，对党组织和党员的行为进行评价的作用不仅体现在党内，也体现为整个社会的判断。也就是不仅党内的党组织和党员会以相关的党内法规作为评价、判断相关主体的行为是否合规、运行是否规范、是否符合党内价值判断的标准，群众也会依据党内法规作出自己的判断。

四、预测功能

预测功能即依靠作为行为规范的党内法规，党组织和党员可以预先估计到自己的行为结果、其他主体的行为方式、他们相互之间将如何互动，从而知所遵循，预作谋划，事先妥善安排行动计划。党内法规明确了对党组织和党员的要求，明确规定了党组织和党员的行为模式，以及依据党内法规的行为将得到何种效益，违反党内法规将导致哪些不利后果。党组织和党员依据党内法规事先作出的明文规定，较为准确地了解党对自己将会做出的某种行为或活动的立场与态度，较为准确预测选择为或不为某种行为所产生的后果，并通过预测守规与违规的成本收益，从而自觉主动调整自己的行为，在可预见后果的范围内自由安排自己的行为，使之符合党的要求，从而形成稳定而规范的党内秩序。例如《关于新形势下党内政治生活若干准则》中提到，新形势下加强和规范党内政治生活，重点是各级领导机关和领导干部，关键是高级干部特别是中央委员会、中央政治局、中央政治局常务委员会的组成人员。从重点到关键到特别，对干部层层提出更为严格的要求，因为我们国家要出问题主要出在共产党内，我们党要出问题主要出在关键少数即干部身上，这些关键少数群体在推进党和国家各项事业，管好班子、带好队伍方面起着关键作用。在严格的政治生活中，党员级别越高不仅没有特权，反而要更为严格地监督和要求。要求高级干部以身作则、以上率下，充分体现了加强从严治党必须从领导干部特别是高级干部做起，显示出“治国先治党、治党先治上、治上先治长”的实践导向，从而也对领导干部和高级干部提出了更高的行为标准，使他们自觉坚定理想信念，加强党性修养，调整自己不符合党规新要求的思想观念、领导方式和行为模式。

党内法规的预测功能帮助党组织和党员预先估计到自己行为的后果，有助于党内确立对党规尊崇敬畏的规矩意识，从而自觉服从党规；有助于引导党组织和党员个人在党规范围内活动；也有利于其他党员和党组织通过预测对符合党规的行为予以支持和帮助，对违反党规的行为加以提醒或自觉抵制。

五、强制功能

强制功能是对违反党内法规的违规者行为的作用。党内法规体现着全党的意志，决定了党内法规在某种程度上代表党的权威和信用，可以有效约束党员和党组织的行为。对党内法规后果的设定，一般包括制裁和激励两方面。

党内法规对违反党内法规的行为予以制裁、惩罚的作用，这不仅惩治了党内违规违纪行为，而且有利于防止类似违规违纪行为的发生，维护党员的合法权利。党内法规的遵守，总体而言依靠的是党内主体的自觉性。这是与中国共产党的性质分不开的，我们党是中国工人阶级的先锋队，同时是中国人民和中华民族的先锋队，是中国特色社会主义事业的领导核心，代表中国先进生产力的发展要求，代表中国先进文化的前进方向，代表中国最广大人民的根本利益。中国共产党党员是中国工人阶级的有共产主义觉悟的先锋战士。坚定的社会主义信念和远大的共产主义理想，全心全意为人民奋斗的宗旨，使广大党员自愿团结在一起，而这些意志凝聚在党规中，奋斗目标依赖于党规的有效落实，共同的理想信念是党员自觉接受党规党纪约束的思想基础和政治基础。对一个真正的共产党员来说，由于他对革命事业的忠诚、为党和人民利益的自我牺牲精神和对纪律的深刻认识，会自觉遵循党规党纪的要求。但是，现实中由于主客观的条件，还有一些党组织和党员出现违反党内法规的行为，通过党内法规强制功能的发挥，违规违纪的党员不仅会面临党内纪律处分等惩罚，也会因为党内与社会的负面评价、信仰与党性的丧失而承受精神的痛苦。如果没有党组织作为主动主体对违规行为制裁惩罚，党内法规的指引功能、评价功能、预测功能等都会在某种程度上失去意义、难以体现，降低党内法规的权威性和严肃性。制裁惩罚的严厉、规范、必然，才能确保党内法规具有震慑力和权威性，对潜在的违规违纪行为起到警示作用，维护正常的党内秩序。

党内法规的强制性主要是负面的惩戒性，有时也具有正面的激励性、诱导性。激励作用体现在以保护权利为主的党内法规中，例如依党内法规履行权利可以得到党内法规保护，这一方面确立了党员的主体地位，另一方面使党员增强了对党组织的认同感和归属感。激励作用也体现在党内激励关怀帮扶的相关党规中。例如对有关弱势党员群体的权益保护的党内法规，是以直接保护这些弱势群体党员的权益为主；还有党内法规直接规定相应的荣誉激励措施。十八大以来，以习近平同志为核心的党中央高度重视功勋荣誉表彰工作。党中央确定了“1+1+3”的制度建设方案，即党中央制定一个指导性文件，全国人大常委会制定一部法律，有关方面分别制定党内、国家、军队三个功勋荣誉表彰条例。其中党内功勋荣誉表彰条例规范的是党内对作出杰出贡献的党内主体进行的褒奖，有助于发挥精神引领、典型示范作用，激发全党的积极性，增强我们党的凝聚力和感召力。激励作用还体现在以惩罚为主的党内法规中，比如党内纪律处分条例，规定对自首和立功行为或确有悔改表现的，主动挽回损失、消除不良影响或者有效阻止危害结果发生的，可获得从轻或者减轻处分等规范。

六、教育功能

教育功能对一般党员的行为的作用，包括正面教育和反面教育。作为一种社会规范，党内法规暗含着对它所调整的党内关系的价值评估，对党组织和党员行为的赞成或反对的态度。学习党内法规，自然就成为党组织和党员认识党规背后保护的党内秩序性质和意义的重要方式，使各主体在内心中确立对党内法规的信念，从而达到使党规的外在规范内化，引导党内行为主体做到自觉在政治活动中遵循一定的规范，以保持党内的正常有序。

党的十八大以来，中央十分重视党员学习教育，除了开展日常的党课等党内常态化、制度化的党内法规的学习，还先后开展了三次重大的党内集中学习教育：群众路线教育实践活动、“三严三实”专题教育和“两学一做”学习教育，并提出“两学一做”学习教育要常态化、制度化。“两学一做”学习教育对全党学习党章党规提出明确具体要求，要求逐条逐句通读党章，全面理解党的纲领，牢记入党誓词，牢记党的宗旨，牢记党员义务和权利，牢记党规党纪，牢记党的优良传统和作风，形成对制度的尊崇和敬畏之心，养成遵章守纪的自觉。

另外，通过党内法规的有效运行，以正面典型进行激励，以反面典型进行警示，对党员发挥教育作用。有人因违反党内法规而受到纪律处分，这种不利后果不仅对受处分人本人，而且对其他党员都有教育作用；有人因符合党内法规所倡导的行为而受到嘉奖和表彰，这种党内法规后果也同样对一般党员的行为具有示范作用。

第五节　党内法规的效力等级

由于党内法规的制定主体、程序、时间、适用范围等不同，导致各种党内法规的效力也不同，由此形成一个相互关联、层级分明的党内法规的效力等级体系。

一、基于制定机关的效力等级

不同制定机关制定的党内法规，在党内法规体系中所处的效力位置和等级不同，制定机关的地位高，其制定出来的党内法规的效力位置和等级也相应比较高。在整个党内法规的效力层次体系中，党章是具有最高效力的；上一级党组织党内法规的效力均高于下一级党组织党内法规的效力；同一级党组织党内法规之间具有同等效力，在各自的权限范围内实行。每一部党内法规在党内法规体系中的纵向等级，称为位阶。不同位阶的党内法规发生冲突时，应当选择适用位阶高的党内法规，这就是通常所说的“上位法规优于下位法规”，是党内法规效力等级的一般规则和首要规则。根据《中国共产党党内法规制定条例》（本节中简称《制定条例》），党内法规的效力可以具体分为以下几个等级。

（一）党章

党章由党的最高领导机关全国代表大会制定、修改并发布，在党内具有最高权威性和最强约束力，是最根本的党内法规。《制定条例》第二十五条第一款规定，党章在党内法规中具有最高效力，其他任何党内法规都是党章部分内容的明确和具体化，都不得同党章相抵触。党章有明确规定的或者原则性规定的，其他党内法规必须严格遵循；未作明确规定的或者原则性规定的，其他党内法规在对有关事项进行规定时，必须符合党章的基本精神，不得与之相抵触或矛盾。

（二）中央党内法规

中央党内法规是由党的中央组织，即党的全国代表大会、中央委员会以及在党的全国代表大会、中央委员会闭会期间行使其职权的中央政治局及其常委会制定的。中央党内法规主要规定党的性质和宗旨、路线和纲领，指导思想和奋斗目标；党的各级组织的产生、组成和职权；党员义务和权利的基本方面；党的各方面工作的基本制度等，是党内法规体系的主干部分。中央纪委、中央各部门和省区市党委在地位上低于党的中央组织，因而《制定条例》第二十五条第二款规定，中央党内法规的效力高于中央纪委、中央各部门和省区市党委制定的党内法规的效力。中央党内法规一般以中共中央文件形式、中共中央办公厅文件形式发布，一般以准则和条例为名称。准则对全党政治生活、组织生活和全体党员行为作出基本规定；条例对党的某一领域重要关系或者某一方面重要工作作出全面规定。从内容的和适用的范围上可以看出，准则的效力等级高于条例。

（三）纪检条规、部门党内法规

中央纪委是党内监督的专责机关，中央各部门是中共中央委员会的重要职能部门，都按照履行党章和有关规定赋予的重要职责和任务，在各自领域行使规划指导、协调服务、管理检查、监督监察等职能。中央纪委、中央各部门制定的党内法规主要对党的某一方面工作或者事项作出具体规定。《制定条例》第二十五条第三款规定，省区市党委制定的党内法规不得同中央纪委、中央各部门制定的党内法规相抵触。中央纪委、中央部委制定的党内法规一般采用中央纪律检查委员会、中央各部门文件形式发布，一般称为规则、规定、办法、细则。

（四）地方党内法规

省区市党委作为地方党委要坚决执行中央的大政方针，确保党的中央组织、中央纪委和中央各部门制定的党内法规在本地不折不扣地贯彻落实。各省区市党委制定的党内法规主要对本地区党的工作或者事项作出具体规定，其所制定的党内法规不得同中央党内法规、中央纪委、中央各部门制定的党内法规相抵触。省区市党委制定的党内法规一般采用省区市党委文件、党委办公厅文件形式发布，一般称为规则、规定、办法、细则。

按照《制定条例》，我们有时候确实可以以党规的名称判断党内法规的效力等级，但这并不是绝对的，因为名称判断背后的实质在于制定机关地位的高低。例如，同样都是规定、规则、办法、细则，地方党内法规的效力等级就要低于纪检条规、部门党内法规。同时，我们确实发现由于很长一段时间中央没有制定党内法规的专门文件，党内法规的名称使用不够规范，导致实践中情况复杂。例如，十八届中央纪委七次全会审议通过的《中国共产党纪律检查机关监督执纪工作规则（试行）》（以下简称《工作规则》），对监督执纪工作的分工、流程、审批和时限作出明确规定，并明确“此前发布的有关规定，凡与本规则不一致的，按照本规则执行”。此前相关的党内法规有中央纪委1994年修订的《案件检查工作条例》、中央纪委1987年修订的《案件审理工作条例》和中央纪委1993年制定的《控告申诉工作条例》，如果按照“条例的效力一定高于规则”的方式判断，就会忽视它们的名称虽然不同，但是《工作规则》的制定机关与上述条例一样，均是中央纪委，因此《工作规则》与上述条例是同一位阶的新规定与旧规定的关系。

（五）由党中央授权的副省级城市和省会城市党委制定的地方党内法规

《中共中央关于加强党内法规制度建设的意见》提出，探索赋予副省级城市和省会城市党委在基层党建、作风建设等方面的党内法规制定权，这些党内法规主要目的在于基层实践经验的总结，必须是在授权范围内进行探索，一般不能同其他上级党组织制定的党内法规相冲突。

二、根据内容的效力等级

同一机关制定党规一般是协调一致的，但是由于不同党内法规规范党内生活和党内关系的范围和角度不同，制定党内法规的时间和背景差异，以及受制定者认识能力、制定技术等因素限制，有时候党内法规就相同或者相近内容的规定会出现不一致的现象，给党内法规的执行和遵守造成混乱，影响党内法规的权威性。在这种情况下，《制定条例》第二十六条规定，“同一机关制定的党内法规，一般规定与特别规定不一致的，适用特别规定”，确立了特别规定优于一般规定规则的原则性规定。

一般规定是对普遍的通常的情形进行规定。特别规定一般可分为两种情形：一是同一机关对一般情况制定了党内法规，对特别情况又另外制定了党内法规；二是同一机关在党内法规中规定了一般情况下适用的规范，在同一党内法规或另外一个党内法规的其他条文中规定了特别情况下适用的规范。特别规定是根据某种特殊情况和需要制定的，在适用时期、主体、事项、地域等方面对具体的特定的问题所进行的规定，有明确的针对性，所以当它们是由同一机关制定时，当然应当优先适用特别规定。

需要注意的是，同一机关制定的党内法规规范当然是相同位阶的，但不同机关制定的规范也可以在同一党内法规规范位阶上。如中央纪委与中央各部门制定的党规之间，或者中央各部门之间所制定的党规具有同等位阶，但它们之间不存在特别规定与一般规定、或旧规定与新规定之区分，不能适用此规则。因为这些党规是由不同部门制定的，而部门之间首先存在着职权范围上的划分，其所制定党规的效力和适用范围首先取决于其职权范围，因而在党规效力上不具有特别与一般的可比性，不适用特别规定优于普通规定的适用规则。为此，《制定条例》第二十七条规定，中央纪律检查委员会、中央各部门制定的党内法规对同一事项的规定不一致的，提请中央处理。

三、基于时间的效力等级

党内任何一部法规，在一定意义上说，都是一定历史时期的产物，都属于产生它的那个时代。随着党的建设深入推进，党内法规的建设不断加速，就会产生新的党内法规与旧的党内法规之间、新的规定与旧的规定之间可能不一致的情况。在这种情况下，《制定条例》第二十六条规定，“同一机关制定的党内法规，一般规定与特别规定不一致的，适用特别规定；旧的规定与新的规定不一致的，适用新的规定”，原则上党内确立了新规定优于旧规定规则。

新规定优于旧规定是就同一效力等级的两个或者更多党内法规，在不同时间对同一事项作出不同规定，后制定的党内法规的效力优于先制定的党内法规的效力。由同一机关制定的各种规范，优先适用新的规定而不是旧的规定，是因为当同一机关就同一问题进行了新的规定，也就意味着对旧的规定进行了修改或补充，新的规定更加科学或更符合实际情况，当然应当适用新法。一般有两种情况：一是新的党内法规发布后，明确宣布旧的党内法规同时被废止，自然适用新的党内法规；二是新的党内法规虽然发布，但旧的党内法规并未被废止，只是强调之前规定与新规定不一致的，按新规定执行，就需要做具体分析。如果新党规已经明确作出与之前不同的规定的，应立行立改；没有规定或规定不明确的，仍应执行之前的明确规定。

但是也有特殊情况，党内对于政治生活的准则有两部，1980年十一届五中全会制定的《关于党内政治生活的若干准则》和2016年十八届六中全会制定的《关于新形势下党内政治生活的若干准则》，两者同时适用。习近平同志指出，新形势下加强和规范党内政治生活，既要坚持过去行之有效的制度和规定，也要结合新的时代特点与时俱进，拿出新的办法和规定。一方面，两部准则都是马克思主义中国化历史进程中产生的党的建设的理论成果，是马克思列宁主义关于党内政治生活的思想的发展，虽然形成于改革的不同时期，面对不同的历史条件和社会任务，但都贯穿了辩证唯物主义、历史唯物主义的科学世界观和方法论。两部准则既包含着实践上的历史联系，又包含着思想脉络上的内在逻辑联系，所以新的准则不是要替代1980年准则，1980年准则的主要原则和规定在今天依然适用。比如，关于党内政治生活的目标和基本准则，关于坚持党的政治路线和思想路线，关于坚持集体领导、反对个人专断，关于维护党的集中统一、严格遵守党的纪律，关于坚持党性，关于要讲真话、言行一致，关于发扬党内民主、正确对待不同意见，关于保障党员权利不受侵犯，关于接受党和群众的监督、不准搞特权，等等。另一方面，1980年准则虽然至今仍然具有重要指导意义，但由于这个准则针对的是当时的历史条件和主要矛盾，现在党内出现的一些突出矛盾和问题在当时尚未遇到，而当时比较突出的一些矛盾和问题现在已经不突出了。党的十八大和修订通过的党章以及党的十八届三中、四中、五中全会对新形势下严肃党内政治生活有关问题作出了明确规定，但比较原则，需要具体化。改革开放以来特别是近年来制定的一系列党内法规和规范性文件，不少涉及规范党内政治生活问题，但比较分散。新准则在经验总结的基础上，深入分析新形势下党的建设面临的新情况新问题，及时把行之有效的做法纳入到新制定的准则中。新准则是以1980年准则为起点、以实践为基础，实现了对其的继承、深化、发展。可见，我们必须把两部准则作为一个统一的党内法规制度体系学习落实，完整准确地领会其精神实质，使两者都成为当前和今后一个时期党内政治生活必须遵循的重要依据。

第二章　党内法规的历史沿革

研究党内法规建设首先必须对中国共产党的党内法规建设进行科学的历史分期，以便于进行科学的分析比较和研究，更好地汲取经验、总结教训。回顾中国共产党近百年党内法规建设曲折发展的历史，学术界的划分不尽一致，有的侧重党的建设的历史进程，有的侧重党的建设的不同特点。本章按照中国共产党党的建设的历史进程以及党内法规建设在每一历史进程的显著特点，将党内法规建设大体上分为三个时期。

第一节　革命时期的党内法规（1921—1949年）

革命时期，党内法规建设处于初始形成阶段，由于当时的历史条件和党的发展状况，决定了党在这个时期还不可能制定出一套完整的适合中国共产党特点的党内法规体系，更不可能形成比较系统的党内法规建设理论。这个时期的党内法规建设主要体现在党的根本制度等实体性制度建设方面。

遵义会议是我们党独立解决中国革命进程中的重大问题的开始，是党和革命事业的转折点，是我们党成熟的标志。遵义会议之后，随着党的逐步壮大，党内关系的稳定和成熟，我们党逐渐构筑了一套适应战争年代和民主革命的以党章为根本、以民主集中制为核心的制度框架。

一、党内法规建设的基本状况

（一）党章建设

中国共产党是根据马克思主义建党学说的基本原理和列宁的建党原则建立的无产阶级政党，始终高度重视党章的制定与完善。中国共产党章程是党的根本大法和全党共同遵守的基本准则，是马克思主义建党学说的集中体现，它规定了党的性质、宗旨、指导思想、行动纲领和奋斗目标、组织原则和组织机构、纪律和作风等等。党章根据形势任务需要和随着党情的变化做出了周期性修改，并且以此为基础制定一系列党内法规和法规性决议。

1921年，中国共产党第一次全国代表大会通过《中国共产党第一个纲领》，共15条（其中第11条缺失）、900多字。党的一大通过的党纲主要内容有：确定党的名称是中国共产党；党的性质是无产阶级政党；党的奋斗目标是以无产阶级革命军队推翻资产阶级的政权，消灭资本家私有制，由劳动阶级重建国家，承认无产阶级专政，直到阶级斗争结束，即直到消灭社会的阶级区分；党的基本任务是从事工人运动的各项活动，加强对工会和工人运动的研究与领导；党的组织方面的规定为，在全党建立统一的组织和严格的纪律，地方组织必须接受中央的监督和指导等。一大党纲宣告了中国共产党的诞生，标志着在中国出现了一个完全崭新的、以马克思列宁主义为其行动指南的、统一的无产阶级政党。这是中共党史上第一个具有党章性质的党内法规，它兼具党的政治纲领与组织章程特点，包含属于党章性质的一些条文，但是毕竟条文较少，规定内容过于概括，还不够充实和完整，并不是一部完整的党章。

1922年7月，党的二大通过的《中国共产党章程》是中国共产党的第一个党章，标志着党的建立工作基本完成。首部党章包括党员、组织、会议、纪律、经费、附则6章29条，第一次明确提出民主革命纲领，第一次规定了党员条件和入党手续，对党的组织原则、组织机构及党的纪律和制度等，分别作了具体规定。党的组织继续发展，在吸收党员、开展工人群众工作方面积累了经验，在学习研究和传播建党理论方面也加大了力度。此后召开的中共三大至六大以二大党章为基础，通过了四个“党章修正案”。1923年，党的三大通过《中国共产党第一次修正章程》，把入党介绍人从原先的1人增加为2人，第一次规定了党员候补期，以及候补党员和正式党员的权利和义务。1925年，党的四大通过《中国共产党第二次修正章程》，在党的历史上第一次规定了党的支部作为党的基层单位，并且规定了总书记、书记的职务。1927年，在严峻的革命形势中，党的五大授权中央政治局通过了《中国共产党第三次修正章程决案》，这是唯一一次不是由党的全国代表大会制定和修改的党章。在此修正案中进一步推进了党的组织建设，包括明确了党员的年龄限制，将党的组织系统划五个组织层级，第一次明确规定“党部的指导原则为民主集中制”，增设监察委员会，把党与青年团的关系列入党章。1928年，党的六大在苏联莫斯科召开，所通过的《中国共产党党章》是唯一在国外修订的党章，首次明确规定了党的民主集中制的基本原则，并在党员管理制度和组织机构方面作了新的规定。此次党章制定工作由于是在共产国际的协助下完成的，特别突出强调了共产国际对中国共产党的领导，而共产国际对中国的了解有限，使此部党章在实践中适用困难。刘少奇在《论党》中指出：“党的六次大会通过的党章，由于情况的特殊，许多部分不能使用。”

1945年4月党的七大通过的《中国共产党党章》，是中共党史上具有划时代意义的党章之一，是党在民主革命时期独立自主制定的最完备、最详尽的一部党章，是党发展成熟的重要标志，在党的历史上以及党章发展史上有着重要的历史意义和深远的影响。七大党章包含总纲和条文两大部分，条文共11章70条。第一次增加了总纲部分，是对党章形式与体例的一种创新；第一次把毛泽东思想作为党的指导思想写入党章，标志着党在政治上、思想上、组织上已经达到成熟；发展和完善了民主集中制原则，明确了党员的四项权利和四项义务，保证了全党在思想上、政治上、组织上的空前团结。

（二）组织建设

党在成立之初，力量比较薄弱，特别重视从组织上解决党的生存发展问题，不断规范党的各级领导机构和工作部门结构、党组织的运行、党组织内部的各种关系。《党的组织问题决议案》《中央通告第二十号——关于组织工作》《最近组织问题的重要任务决议案》《中央组织部工作计划》《关于宣传部工作议决案》《关于中央机构调整及精简的决定》等对各级组织的组成、职责等作了规定，为发展党组织、进行革命斗争提供了制度保证。在革命时期，党的三大通过《中国共产党执行委员会组织法》，这是党的第一个组织法规，对中共中央组织机构、职权分工、工作制度等作了规定，改变了建党初期中共中央领导机构的体制机制、工作程序不健全及领导不力的状况。[①] 1923年10月中央局发布的《教育宣传委员会组织法》，是第一部规范党的工作部门的党内法规。1924年5月中共扩大执行委员会通过的《S.Y. 工作与 C.P. 关系议决案》，是第一部有关共产党和共青团关系的党内法规。

在党的组织制度方面，明确并不断完善民主集中制。民主集中制是中国共产党的根本领导制度和组织制度，也是党的根本组织原则，是增强党内民主、保持党的团结和加强党的活力的有力保证。党在成立之初就接受了列宁的民主集中制思想，陈独秀在给一大代表的信中就提到，共产党应该是实行民主集中制的党。1922年7月，中国共产党第二次全国代表大会决定加入第三国际，成为它的一个支部。这意味着，中国共产党在一定意义上接受了民主集中制的组织原则。1927年6月通过的《中国共产党第三次修正章程决案》第十二条首次规定“党部的指导原则为民主集中制”。党的四大通过《对于组织问题之决议案》，规定党的组织体制是中央集权制，组织原则是民主集中制，对党员和各级党组织提出了严格的组织纪律要求。党的五大通过《组织问题决议案》，确立了党的集体领导制度。六大党章首次明确规定了党的民主集中制的基本原则。1945年4月，在中国共产党第七次全国代表大会上，毛泽东辩证地把民主集中制总结概括为：“它是民主的，又是集中的，就是说，在民主基础上的集中，在集中指导下的民主。”七大首次把“四个服从”写入党章，即“党员个人

① 李忠:《党内法规建设研究》，北京：中国社会科学出版社，2015年版，第35页。

服从所属党组织，少数服从多数，下级组织服从上级组织，部分组织统一服从中央”，对扩大党内民主和实行集中统一领导作了详细规定。1948年9月，中共中央发布《关于健全党委制》的决定，指出“党委制是保证集体领导、防止个人包办的党的重要制度”，“一切重要问题（当然不是无关重要的小问题或者已经会议讨论解决只待执行的问题）均须交委员会讨论，由到会委员充分发表意见，做出明确规定，然后分别执行。”[1]

（三）纪律建设

中国共产党从建党就特别重视纪律建设，强调制定严格严密的纪律。1921年，党的一大通过的第一个纲领中，涉及纪律的内容就占有相当比重和突出位置。二大党章中首次将“纪律”单独成章，并提出了9条纪律要求，涉及组织纪律、宣传纪律、党员从业纪律等，明确党的纪律的内容与相应的纪律处分，推进了纪律建设。此后每部党章都专章规定党的纪律。例如，七大党章中首次把纪律作为党的组织基础写入总纲，确立了纪律建设“惩前毖后、治病救人”的正确方针，对于正确执行党内纪律，保护党员正当权利有重要意义。六届六中全会上按照毛泽东提出的“还须制定一种较详细的党内法规，以统一各级领导机关的行动”要求，通过了《关于中央委员会工作规则与纪律的决定》《关于各级党部工作规则与纪律的决定》《关于各级党委暂行组织机构的决定》三部重要的党内法规。这三部法规重新划分了党内各级组织、部门的职责任务，明确规定了中央委员、地方党委成员必须遵守的会议制度、工作制度和政治纪律、组织纪律、保密纪律以及相应的纪律处分，在理顺党内关系的同时维护了中央权威和党的集中统一。以此为代表的一系列党内法规细化了对党员纪律的要求，加强了对党员和干部的日常监督，对于纠正党内家长制和极端民主化两种倾向、加强组织纪律建设影响深远。

为了更好用严明党纪维护党的集中统一，建立党的纪检监察机关并确立其领导机制。党的五大设立中央监察委员会，并选举中央监察委员

---

① 《毛泽东选集》第4卷，北京：人民出版社，1991年版，第1340–1341页。

会委员，这是中央纪律检查委员会的前身。五大党章中首次以专章规定设立监察机关，确保监督的切实有效，明确提出中央及省监委会成立的目的是“巩固党的一致及权威”。六大党章将“监察委员会”改为“审查委员会”，七大党章重新规定设立监察机关，并明确其“在党委指导下工作”，对后来确立纪律检查机关双重领导体制具有重要影响。

1931年5月，中共中央通过《中央巡视条例》，这是党的历史上第一个巡视法规，创立了党内的巡视制度。本条例规定了巡视员的条件、任务、方法、职责、纪律等，对于贯彻中央决议案、肃清脱离群众的官僚主义、了解各地党的工作环境和基层党组织的实际状况具有重要意义。[①]

（四）廉政建设。

在这一时期，中国共产党的经济条件依然十分艰苦，虽然绝大多数党员在严酷的革命环境下严格要求自己，但是一部分党员干部或者由于无法抵御物质诱惑，或者由于缺乏政治理论修养，各种非无产阶级思想未能及时清除，逐渐暴露出一些贪污腐化堕落、思想作风问题等。1926年召开的第三次中央执委会扩大会议通过了党内第一个反腐败法规《中央扩大会议通告——坚决清洗贪污腐化分子》。1949年3月，中国共产党在河北省平山县西柏坡村召开七届二中全会，会议指出，革命成功使得党内出现种种不健康思想，如骄傲自满、以功臣自居、停顿不求进步、贪图享乐等等，许多党员可能会被资产阶级敌人的糖衣炮弹打败，中共中央充分认识到这些思想现象的危害，毛泽东在会上作报告并指出必须预防这种情况，“务必使同志们继续地保持谦虚、谨慎、不骄、不躁的作风，务必使同志们继续地保持艰苦奋斗的作风”，同时作出了6条防止资产阶级腐蚀和反对突出个人的规定。

（五）宣传教育工作

中国共产党作为一个根据马列主义的建党理论建立起来的无产阶级政党，在民主革命时期逐渐形成思想建党的理念，强调加强党的思想建

---

① 李忠:《党内法规建设研究》，北京：中国社会科学出版社2015年版，第39页。

设与扩大党内党外的宣传教育。当时党的规章制度有鲜明的思想动员功能和宣传教育功能，由此才能保障党的队伍不断发展和壮大，保障革命目标的顺利实现。《古田会议决议》首次规定了要以无产阶级思想进行党的建设和军队建设。为加强各级领导干部的马克思列宁主义教育，提高他们的素质能力和工作水平，中共中央通过1940年《关于办理党校的指示》、1941年《关于延安在职干部学习的决定》，具体规定了在职干部学习的类别、方法、内容，对于加强自身的教育工作提出了更为明确的要求，全党范围内开展了卓有实效的整风运动。中共中央通过《党内组织及宣传教育问题决议案》《关于宣传教育工作的指示》《关于开展抗日民主地区的国民教育的指示》《关于各抗日根据地群众鼓动工作的指示》等一系列党内法规性文件，对开展党的宣传工作作出全面部署，改进了宣传工作针对性与时效性，确保党的宣传工作的政治方向的正确性。

（六）军队建设

推进军队的党内法规建设，在强调党领导军队原则和“将党的支部建在连上”制度的基础上，出台了一系列指导性文件。1930年中国共产党制定的《中国工农红军政治工作暂行条例草案》，这是中国工农红军政治工作的第一个正式条例，由总则和政治指导员、政治委员、政治处、军及师政治部、军区及集团军政治部、总政治部、党的连支部及团委、党务委员会、青年团、政治机关及党部与地方党部关系等10个单项条例以及中国工农红军政治机关系统图组成，阐明了军队政治工作的重大原则，使党对红军的领导有了制度保证。1932年修订颁发的《中国工农红军政治工作暂行条例草案》，增加了军团政治部、军分区政治部、学校政治机关、医院政治机关、赤卫军政治机关、兵站政治机关、战士通讯处、俱乐部列宁室、政治战士等9个条例。抗日战争时期，八路军（即第十八集团军）政治部于1938年颁发了《国民革命军第十八集团军政治工作暂行条例(草案)》，1942年经过修订又重新颁发《中国国民革命军第十八集团军（第八路军）政治工作条例（草案）》，保证了中国共产党对军队的绝对领导，确保了八路军、新四军在抗日民族统一战线中独立自主的地位。1940年，总政治部就军队中的干部工作连续下发四个指示，分别明确了干部工作的原则、干部政策与教育、干部的提升与审查以及干部团结问题，使军队中的干部队伍建设有规可依。

（七）党的领导

适应局部执政的需要，针对抗日民族统一战线下党的工作的复杂性，解决党政军民关系中存在的不协调问题，这一时期中国共产党还通过党内法规明确了不同区域内党的组织的任务与党的领导的实现方式，实现了党的领导与执政的结合，强调党在政权中的权威性领导地位。党中央制定《中共中央关于统一战线区域内党的工作的基本原则草案》和《中共中央关于统一抗日根据地党的领导及调整各组织间关系的决定》，规定在党政军群组织间，以党的中央局和地方党委为最高领导机关，对它们作出的决议、决定和指示，同级政府的党团、军队的军政委员会和政治部、民众团体的党团及党员均须无条件执行，统一了根据地各组织的步调，确立了党的一元化领导制度。

二、党内法规建设的阶段性特点

中国共产党是一个勇于追求真理、修正错误，善于总结经验，不断自我更新的党。革命时期，中国共产党经历了从幼稚逐渐走向成熟的历程，在重视党的思想建设的基础之上，这一时期也体现了党的制度建设推动，不断健全党的民主集中制，初步具备定期会议制度、工作报告制度、支部工作制度、监察制度、党员管理制度、交纳党费制度等保证了党的团结统一，逐步对党的建设各个方面进行制度化规范，初步开始构建以党章为根本、以民主集中制为核心的党内法规制度体系，保证了中国革命的胜利。在当时的历史条件下，党内法规的制定及时回应了革命形势的变化，对于加强党的集中统一领导，统一党的意志和纪律，活跃党内民主生活，贯彻执行党的路线、方针、政策起到重大的保证作用，为党夺取和掌握全国政权做了重要的政治、思想和组织准备；同时，极大地促进了党和军队的组织纪律、领导方式、工作方式的建设，对革命战争的胜利和党与军队的建设影响深远。党规的发展为之后的党内法规制度建设构建了良好的框架，具有重要的历史作用。关于这个时期党的制度建设，邓小平在七千人大会上的讲话中评价说："我们还有一个传统，就是有一套健全的党的生活制度。特别是遵义会议后，在毛泽东同志领导下，我们党建立了一套健全的党的生活制度。比如民主集中制；团结—批评—团结的方法；言者无罪、闻者足戒，惩前毖后、治病救人；批判从严、处理从宽，不搞过火斗争、无情打击；艰苦朴素、谦虚谨慎，等等。这些都是毛泽东同志一贯倡导的，是我们的党规党法。"但是，这一时期是党内法规建设的探索初期，党规建设从萌芽阶段起步，党规的形式和内容总体上具有不成熟的特点，当然这都与当时党所处的主观形势和客观形势紧密相关。党内法规与党建设一样，其成熟不是一蹴而就的，而是逐步在革命中成长起来。

（一）严明党的政治纪律与组织纪律

中国共产党在诞生之初就面临着极其复杂的国内外局势，面临敌我力量悬殊的客观环境，决定了党要时刻保持极强的战斗力和凝聚力，必须严明组织纪律，高度统一思想，发挥无产阶级的先进性，将党内党外一切资源发动起来，高效地发展自己，团结一致对外战斗。当时制定和颁布的党内法规的中心任务就是巩固和团结党组织，保障革命取得胜利。而且中国革命所走的农村包围城市、武装夺取政权之路决定了党的组织分散在各个根据地和解放区，因此与之相适应，党一直强调集中统一领导，党内法规必须对党内政治目标和组织制度进行清晰严格的规范，才能保证党在严酷的历史时期完成这一阶段的任务。例如1927年通过的《政治纪律决议案》第一条就指出：严密的政治纪律是无产阶级政党的力量源泉。[①] 同时，受到中国历史上的传统儒家思想、封建制度和苏联共产主义的深刻影响，因此党在政治、思想、组织更加强调统一意志、统一行动、统一纪律的重要性，增强了中国共产党的战斗力与凝聚力。蒋介石曾在1927年5月指出："共产党徒寄生本党，以数量言，当不逮本党同志的二十分之一，然彼常能以少胜多，操纵如意者，其组织严密胜于我，

① 中央档案馆编：《中共中央文件选集》第3卷，北京：中央党校出版社，1992年版，第478页。

其党员之尊严纪律亦过于我也。共产党之阴谋固可诛，共产党之组织则由可采者。”①

（二）高效率和灵活性

由于战争环境和革命任务的需要，这一时期的中国共产党必须灵活高效地调整党的路线、方针、政策，党内法规制度也根据当时特定的历史条件而制定，具有简单明了、灵活高效、运行良好、成效显著的特点。适应革命形势的发展，在相对稳定的根据地时期及时制定了部分中央层级单项法，而且各个根据地根据自身特点制定了地方性党内法规制度，如中共赣西南特委制定的《关于支部工作的规定》、湘赣苏区制定的《省委巡视条例》以及陕甘宁边区党委制定的《特区党选举条例》，党内法规开始具有一定层次和体系。灵活有效的法规保障了党及时应对复杂多变的形势，积极掌握革命主动权。这一时期所形成的敢于探索、顽强拼搏、立党为公、廉洁自律等党内文化保障了法规制度的落实，为党的团结统一、为党领导人民取得革命胜利奠定了一定的基础。

（三）高度的保密性

革命时期，中国社会内存在复杂的政治势力和派系斗争，且这一时期党的政治军事力量较弱，党要在残酷的斗争中取得成长发展的空间就自然会处于秘密状态，从事着高度保密的地下革命工作。当时，党的活动主要以地下党组织和地下党员的形式进行，党内法规要配合党的活动制定许多保密方面的规定。高度的保密性提高了党组织和党员的安全性，是党从诞生到发展壮大成为中国革命领导力量这一从弱到强的发展阶段所必需的。一大党纲在党的纪律方面，规定“在公开时机未成熟前，党的主张以至党员身份都应保守秘密”等内容，之后的每部党章都尤为强调“保守党的秘密”这项重要纪律。《组织问题议决案》《中共中央关于秘密工作条例》《中央关于全国组织报告的决议》《中共中央关于党的高级组织内成立社会部的决定》等党内法规规定，都对当时的保密工作、

---

① 蒋介石:《关于第二期清党之意见》，中国第二历史档案馆藏中国国民党中央执行委员会秘书处档案，卷藏号：711/5/347。

保密原则和要求作出了具体规定，提出党的组织形式要适应秘密环境。

（四）规范性与稳定性不足

由于所处的外部环境条件和制定技术等原因，当时党内法规主要是把党的组织建设和纪律要求以文件形式表现出来，政治性强，规范性不足。战争阶段的特殊国情社情党情使党内法规的制定修改和执行符合灵活高效的要求，但同时其制定粗略、不规范、不稳定，往往效力短暂，不具有长期广泛应用的基础。

当时，中国共产党创建时间比较短，理论不成熟，党的活动多通过文件的形式进行指挥运作，党内法规散见于党发出的文件中，并且必须不断根据新情况、新问题灵活制定修改相关的党内法规，保证党的路线、方针、政策得到及时严格的贯彻实施。这一时期党内法规数量较多，但往往是针对同一内容或同一法规的反复修改。① 这主要是基于现实需要，因形势变化而不断修正规范，强调党内法规与党内外形势现实的适应性。例如建立健全请示报告制度。从1948年年初开始，为克服存在于党内和军内的无纪律无政府状态，使中央及时了解各地贯彻落实党的路线、方针、政策情况，中央连续制定《关于建立报告制度》《关于建立报告制度的补充指示》《关于宣传工作中请示与报告制度的规定》《关于严格执行报告制度的指示》《关于在各中央局、分局、军区、军委分会及前委会向中央请示报告制度的决议》，对各项工作中的决定权和请示备案等制度作了详细规定，对于加强党的集中统一领导，统一全党意志和纪律起到重大作用。但是，由于党内法规制度缺乏健全的运行机制和监督机制，缺乏制度执行的保障功能，导致制度的硬性约束力量不足。虽然这一时期党内法规制度集中且简明有效，但制度的权威的背后是领袖个人的威信和党中央的权威，其实施与执行基本上靠党员和组织的自律和自觉。比如薄一波曾就请示报告制度的执行分析指出："可惜，这种报告制度，后来并不是一直坚持得都很好的。到新中国成立后，渐渐变得时有时无，时

---

① 王振民，施新州等：《中国共产党党内法规研究》，北京：人民出版社，2016年版，第27页。

断时续，未能形成经常化、制度化。而且各地各部门给中央的报告，也大都不是领导同志自己动手写的，而是由秘书或其他的‘秀才’们代劳的。一种好的做法、好的传统，本应不断地发扬光大，而事情往往并非如此，往往是实行了一阵子，又把它丢掉了，这对党的事业是十分不利的。我们应该好好总结这方面的经验教训，使我们党多年形成的各种好做法好传统都能代代相传。”[①]

（五）党内法规的体系化不足

党的革命历程十分艰难曲折，而且在革命战争的特殊时期，党中央的领导核心数次更替，加上对法规制度的重视程度不高，因此难以避免法规随着革命形势变化而产生的零散分布状态。

激烈的革命战争环境使得党的组织不够健全，各项工作机制尚未完善，党内政治生活呈现不稳定状态，党内法规也没有一个规范制定的环境，如陈独秀在五大的报告中说：“中央机关不健全，仅有九个中央委员，还不能经常在一起工作。经常在中央工作的只有两三个人，有时只剩下一个人，因此，中央自然而然就产生了独裁。”党内曾经出现陈独秀、张国焘、王明搞家长制，使得党的事业遭受了重大损失。邓小平在谈到家长制的危害时曾经指出：“革命队伍内的家长制作风，除了使个人高度集权以外，还使个人凌驾于组织之上，组织成为个人的工具。家长制是历史非常悠久的一种社会现象，它的影响在党的历史上产生过很大危害。陈独秀、王明、张国焘等人都是搞家长制的。”这些问题的存在成为推进党内法规制度建设的严重障碍。

这段时期，总体上并未形成一套完整、相互衔接的党内法规制度体系，因此对党内权力运作的规范效能有限，对正常的政治生活与稳定秩序形成的保障也是有限的。从党内法规的制定看，其制定的主体与制定程序没有明确的要求。从党内法规的形式看，这一时期的党内法规概念刚刚产生，对于其外在形式与具体名称没有规范性的要求，除了党章之

---

① 薄一波：《七十年奋斗与思考》上卷，北京：中共党史出版社，1996年版，第472–473页。

外，还有各种名称，很难分清党内法规与一般党内文件的差别，或各类制度彼此之间的地位与效力等级。

第二节　建设时期的党内法规(1949—1978年)

从中华人民共和国成立到党的十一届三中全会召开前，这一时期大体可分为社会主义过渡阶段、全面建设社会主义阶段、“文化大革命”阶段和“文化大革命”刚刚结束后的过渡和徘徊时期。中华人民共和国成立后，中国共产党已经从一个领导人民为夺取国家政权而奋斗的党，从一个局部执政的党，成为一个已经掌握着国家政权并在全国范围内处于领导地位的执政党。党执政后，在全面加强执政条件下党的建设的同时，也强化了执政党的制度建设。在这一时期，一方面根据变化的新情况，党中央与时俱进确立了党的领导制度和组织制度，党内法规建设取得了一定成绩，反映了党在执政条件下对党的制度建设的重视与初步探索，另一方面由于当时条件的制约，加上党的指导思想上出现“左”的偏差，在“文化大革命”时期，党内法规制度建设与党和国家各项事业一样陷入混乱，在某些方面甚至出现停顿倒退。

一、党内法规建设的基本状况

（一）党章建设

1949年中华人民共和国成立到改革开放之前，我们党修改通过的党章有四部。其中最具有标志性意义的是在中国共产党在全国执政以后召开的第一次全国代表大会即中国共产党第八次全国代表大会上所通过的党章。八大党章由“总纲”和“正文”组成，共计9章60条。八大党章一方面继承和发扬了之前党章的优点，例如沿用了七大党章的体例，继承了从《中国共产党第三次修正章程决案》中已将党与青年团的关系单独作为一章载入党章（七大党章对此没有明确规定）的优良传统，这是对党的历史上党章所规定的关于党的工作的各项原理的合乎逻辑的发展；

另一方面八大党章适应了全国革命胜利之后，党在全国政治生活中的领导地位及组织迅速发展的新情况，反映了中国生产资料私有制的社会主义改造基本完成，全面开展社会主义建设的新形势、新要求规定的主要内容，提出了党在加强社会主义建设方面的基本任务和奋斗目标，突出强调了加强执政党建设的内容，特别是八大党章的总纲几乎是新的内容。对于这一点，邓小平在八大上作的《关于修改党的章程的报告》中有详细的说明："党章草案引用的总纲，同原有的总纲比较起来，有了很大的修改，特别是在政治方面。这是很容易了解的。党章的总纲，是我们党的最基本的政治纲领和组织纲领。我国的政治情况既然发生了根本的变化，我们在目前时期的政治纲领，当然也要有根本的改变。"在组织章程的条文部分，也与时俱进进行了调整，例如，七大党章的"党的省及边区组织"内容在八大党章中变为"党的省、自治区、直辖市和自治州的组织"，原有"党的地下组织"的内容在八大党章中不再有此类规定。例如取消了原有党章对不同社会成分出身的人规定不同的入党手续的办法，因为这一时期社会成员的出身情况已经发生了根本的变化。八大党章是中国共产党在全国执政以后制定的第一部具有较高水平的党章。

党的九大、十大召开是在我们党和国家的非常时期，九大与十大党章是在"文化大革命"期间制定修改的。1969年党的九大修改并通过的党章背离了八大党章的正确纲领，在总纲里充满了个人崇拜的错误。特别是把林彪作为"毛泽东同志的亲密战友和接班人"列入党章，严重地违反了宪法原则、民主集中制原则和集体领导原则。在章程条文中取消了党员权利和入党预备期、取消党的监察委员会等。九大党章是九大思想上、政治上、组织上的错误指导方针在党的建设上的集中反映，突出"无产阶级专政下继续革命的理论"和"文化大革命"，存在着严重错误和明显缺陷，带有极其浓厚的以阶级斗争为纲和形而上学等极左色彩。1973年党的十大通过的党章虽然删除了林彪作为接班人的相关内容，但仍然沿袭了九大党章的总纲和条文，只作了个别的修改和补充，在一些方面对当时的"左"倾错误还有所发展。九大、十大党章科学性和规范性不足，正如邓小平严肃指出的："九大、十大搞的党章，实际上不大像党章，党员有些什么权利和义务，究竟怎么样才算个共产党员，不合条件怎么办，都没有规定好，需要修改。”[①]

1977年党的十一大通过的党章处在“文化大革命”结束到十一届三中全会召开之间的特殊过渡时期，是一部既有积极作用又有严重缺陷的党章。一方面，纠正了九大、十大党章的一些错误，在总纲及有关条款中增写了关于民主集中制的内容；在党的中央委员会，地方县和县以上、军队团和团以上各级党的委员会都设立纪律检查委员会；提出党要认真执行“任人唯贤”的干部政策；等等。另一方面，仍然肯定十大的政治路线和组织路线是正确的，具有非常浓厚的过渡色彩。

（二）党的领导制度和组织制度

第一，探索党与政府关系。中华人民共和国成立初期，为适应恢复国民经济和应对复杂国内国际局势的需要，在党的领导制度方面，我们党基本沿用了革命时期的党对党务、政府、军队的一元化领导体制，把一元化领导方式应用于对国家事务的领导和管理。1949年11月，中共中央政治局通过《关于在中央人民政府内组织中国共产党委员会的决定》和《关于在中央人民政府内建立中国共产党党组的决定》，规定中央人民政府受内部党委会和党组领导，而党委会和党组则服从于中共中央，确保党中央的政治路线和方针政策能够得到贯彻执行，确立了党的一元化领导制度，形成了中国党政关系的基本格局。在一元化领导格局下，党注意到防止党政不分、以党代政问题。1949年10月《关于中央人民政府成立后宣传工作中应注意事项的指示》中规定“凡属政府职权范围者应由中央人民政府讨论决定，由政府明令颁布实施”，“不要再如过去那样有时以中国共产党名义向人民发布行政性质的决定、决议或通知”。1950年，中共中央发布《关于中央人民政府成立后党的文化教育工作问题的指示》，对处理党和政府在宣传方面的工作做了分工安排，规定在思想、宣传、文化教育政策方面由党来制定，业务方面由政府管理。1953年出台的《中

① 《邓小平文选》第2卷，北京：人民出版社，1994年版，第269页。

共中央关于加强中央人民政府系统各部门向中央请示报告制度及加强中央对于政府工作领导的决定(草案)》规定，政府工作中制定和执行的各项方针政策内容，都必须提前报告中央，经过中央讨论、决定和批准以后方可执行，随后具体区分了请求批示和报告的性质及其具体方式，这在一定程度上规范了党委和政府之间的合作分工。

为加强党的基层组织建设，1963年中共中央先后颁布《中国共产党农村基层组织工作条例试行草案》《中国共产党国营工业企业基层组织工作条例试行草案》《中国共产党商业企业基层组织工作条例试行草案》，对各类基层组织的性质、任务、职责、组织方式、工作形式等作了详尽的规定。这样，从上到下，从农村到城市，从政府部门到企业商业，都形成了由党领导各项工作的执政格局。

第二，党员、干部队伍建设制度的发展。执政的新形势对于党员发展和干部管理也提出了新的要求，中央制定规范党员、干部工作的制度法规，陆续下发关于党员候补期、接收新党员的手续、共产党员八项标准与八项条件，以及干部鉴定、干部评级、干部学习、干部管理原则、干部管理权限等内容的10余项党内法规，实现了党员发展和干部管理的与时俱进。中央制定了《中共中央关于党的第八次全国代表大会以前召开的地方各级党的代表大会实行常任制问题的规定》《中共中央关于共产党员缴纳党费的规定》《中共中央关于取消对党员处分问题的通知》《中共中央关于党的地方各级代表大会的代表名额和代表改选、补选问题的规定》等配套规定，进一步推进了党内各项生活的制度化和规范化，初步提出了党的代表大会常任制，使代表大会可以成为党的充分有效的最高决策机关和最高监督机关，把党的民主生活提高到更高的水平。

1953年11月，中共中央发布《关于加强干部管理工作的决定》，提出由于形势的发展和任务的变化，工作的分工日益精密，组织机构日益增多，干部队伍迅速扩大，而且多数干部已逐渐并必须进一步在专业的工作中固定下来，过去中央及各级党委的组织部来统一管理干部的方法已不能完全适合于当前的需要。决定中要求，逐步建立在中央和各级党委的组织部统一管理下中央及各级党委的各部分管干部的制度，把过去中央及各级党委的组织部直接管理干部的范围从负责管理全部干部缩小为负责管理党、群工作干部及其他暂时还无专门部门管理的干部。在管理干部具体制度方面，通过《关于轮训干部的决定》，建立干部轮训制度；通过《中共中央关于有计划有步骤地交流各级党政主要领导干部的决定》和《关于有计划有步骤地交流各级党政主要领导干部的决定》，建立党政各级领导干部交流制度。

（三）纪检监察制度

中国共产党已成为全国范围内执政的党，为了更好地执行党的政治路线和各项具体政策，加强党的组织性与纪律性，密切联系群众，克服官僚主义，1949年11月9日，中共中央发出《关于成立中央及各级党的纪律检查委员会的决定》，决定成立党的中央和各级纪律检查委员会。1955年3月31日通过的《中国共产党全国代表会议关于成立党的中央和地方监察委员会的决议》认为："目前党的各级纪律检查委员会的组织和职权已不能适应在阶级斗争的新时期加强党的纪律的任务，因此中国共产党全国代表会议决定成立党的中央的和地方各级的监察委员会，代替中央的和地方各级的党的纪律检查委员会，借以加强党的纪律，加强反对党员中各种违法乱纪现象的斗争，特别是防止像高岗、饶漱石反党联盟这一类严重危害党的利益的事件重复发生。"① 1955年3月，中国共产党全国代表会议通过《关于成立党的中央和地方监察委员会的决议》，明确成立党的中央和地方监察委员会代替各级党的纪律检查委员会，同时规定了各级监察委员会的产生方式、领导体制、主要任务、职责权限。1962年9月，党的八届十中全会通过《关于加强党的监察机关的决定》，规定加强中央和地方各级监察委员会，扩大各级监察委员会委员名额，明确中央监察委员会可以派出监察组常驻国务院所属各部门；各省、市、自治区党的监察委员会可以派监察组和监察员驻省、市、自治区人民委员会所属的各部门进行工作。关于纪检监察的具体工作制度，在这一时期先

① 《建国以来重要文献选编》第6册，北京：中央文献出版社，1993年版，第134页。

后制定了《中共中央纪律检查委员会关于候补党员处分问题的指示》《中共中央纪律检查委员会关于处理控告、申诉案件的若干规定》《中共中央监察委员会关于处分党的组织及党员的批准权限和手续的规定》《中共中央监察委员会关于处理控诉、申诉案件的规定》，中国共产党处理党内违纪行为的制度规范基本确立。“文化大革命”期间，党的各级监察委员会被撤销，九大、十大党章都取消了关于党的监察机关和党的纪律的条款，党的纪检工作遭到全面破坏。1977年8月，中国共产党第十一次全国代表大会通过的《中国共产党章程》重新恢复了设置党的纪律检查委员会的条款，规定各级纪委由同级党委选举产生。

（四）作风建设

中华人民共和国成立以后，为了发扬党内的优良作风、打击和预防党内的腐败现象，党内开展了一系列群众运动，同时党和政府发布了一系列规定和条例，加强了制度建设，例如《关于处理贪污、浪费及官僚主义错误的若干规定》《中华人民共和国惩治贪污条例》《中央节约检查委员会关于追缴贪污分子赃款赃物的规定》《中共中央关于解除小贪污分子的顾虑及处分问题的指示》等。为了防止党员干部成为脱离群众的“特权阶层”，中共中央陆续下发《关于干部参加体力劳动的决定》《关于整顿对负责干部的特需供应，禁止商品供应“走后门”的指示》《中共中央关于不准请客送礼和停止新建招待所的通知》《中共中央关于党内同志之间的称呼问题的通知》等相关规定，督促干部转变工作作风和领导作风。为便于接受广大人民群众对党和党员的监督，虚心听取人民群众对党和党员的批评意见，1950年4月中共中央作出《关于在报纸刊物上展开批评和自我批评的决定》，要求在报纸刊物上开展公开的批评和自我批评，进一步克服官僚主义，密切党群干群关系，保障党和国家民主化。在1956年8月22日召开的中共七届七中全会第一次会议上，毛泽东曾就大会发言中的批评与自我批评的问题提出要求，强调：“可以组织一些短稿子，比较生动。对工作要有批评，要有自我批评，要有分析，5分钟的发言也可以有分析。如果我们开一次会议没有批评，只讲歌功颂德，那就没有生气，无非只有一个‘好’字就行了，还要多讲干什么？但不是说，每一个稿子一定要批评什么东西，如果没有批评根本就不许讲，那也不好。”① 可见，毛泽东对开展批评和自我批评是非常重视的，而且要求十分严格与具体。

二、党内法规建设的阶段性特点

中国共产党在长期的实践中，对执政党建设的重要性逐步有了较全面的认识。从中华人民共和国成立初期起，除了在思想上加强对党员和干部的教育外，还开始从制度上逐步加以建设，并且初步把两者结合起来，目的在于增强党员的组织纪律性，纯洁党的组织，增强党的战斗力，推进社会主义革命事业顺利完成。在这一时期，党内法规建设与党的社会主义建设道路一样呈现一定的波动性，作为执政党的党内法规建设仍处于不成熟、不完善的阶段。

（一）初步探索党与国家关系

在中华人民共和国成立前，党在地方是局部执政，主要围绕着革命斗争主题开展党内活动，制定党内法规。党全面执政后，党所面临的内外形势与党的任务使命发生了根本性变化。正如邓小平在党的八大上所说，中国共产党已经是执政的党，已经在全部国家工作中居于领导地位。这是党的状况发生的最大的变化。这一时期党内法规所调整的关系，涉及的内容较为全面，除了加强自身建设之外，还开始注重规范党与国家的关系，解决如何执政，如何处理好党与国家、政府的关系问题，如何领导建立起一整套国家机构体系。党在这些方面进行了有益有效的探索，在继承革命时期的一元化领导体制的同时提出一些新的举措。例如推行实施党代会常任机制；把民主集中制推广应用到国家的政权建设和政治生活中。但由于这些制度体系在初始建立和运行的过程中功能不健全、制度不配套，个人的作用、特别是主要负责人在制度运行中的作用比较突出，党的集体领导出现被党的个人领导代替的错误。

---

① 逄先知，金冲及主编：《毛泽东传（1949—1976）》（上），北京：中央文献出版社，2003年版，第526页。

（二）党内法规稳定性不足

从中华人民共和国成立初期起，党加强了党的制度建设。但是1957年党内斗争严重扩大化后，党的指导思想出现“左”的偏差，沿用了革命时期所形成的群众性运动的斗争方法，开展了频繁的整风、整党运动，用“运动”的形式来代替日常制度化的领导与管理。虽然这些运动对肃清党内歪风邪气、加强党内团结一致产生了积极作用，但是这些运动带有浓厚的人治色彩，稳定性、法制性和规范性不足，破坏了党与国家的制度和党内政治生活秩序，破坏了党内法规体系，使八大所提出的党代会常任制被打断、党内监督和干部制度遭到重创，党的组织、党员的党性观念、党的优良传统和作风都遭到了严重的破坏。例如党内运动的目的之一虽然是加强党风党纪建设，但是由于废除了八大党章有关党纪的许多正确规定，对基于什么纪律、遵循什么程序进行纪律处分都没有明确界定，而仅有基本原则性规范作为依托，导致运动中绝大多数党员的正当权益得不到保障。“文化大革命”发生并持续十年之久，有复杂社会历史原因，其中之一就是党的制度被践踏。从党的领导制度上看，中央文革小组取代了中央政治局，革命委员会取代了省、市、自治区党委和省、市人民政府，党的基层组织处于瘫痪状态。从党的政治生活制度看，民主集中制被严重破坏，组织生活趋于停顿。党的工作制度、监督制度、会议制度、选举制度等都遭到严重破坏。

（三）党内法规的规范性不足

从形式上看，党在制定党规的过程中对党内法规形式的规范性重视不足，导致部分法规名称仍然沿用“指示”“草案”“计划”等进行命名，更多的被看作是党中央对全党的指示命令，不能准确区分党内法规与一般规范性文件的区别，未能准确划分党内法规的效力等级，未能对调整内容予以科学规划。仅对党内法规的形式考察，与之前民主革命时期相比，此阶段的党内法规没有明显的进步。

从内容上看，在这个阶段，党的制度建设同党探索社会主义建设道路艰难曲折的历程一样，也经历了诸多曲折和反复，呈现正确与错误两种趋向。正确的是对执政条件下党内法规制度建设做了有益探讨，党内法规从规范党的自身建设扩展到规范党与国家关系，从过去更注重实体规范到开始注重规范具体工作流程，并在民主集中制方面提出了一些正确的制度安排。当时所制定的《中共中央关于统一管理党、政档案工作的通知》《中央关于党内同志之间的称呼问题的通知》等20件法规经受住了历史的考验，现在依然生效。遗憾的是，党内法规制度建设并没有被提到应有的高度上，主观上全党对民主化、法制化建设的重要性没有充分认识，客观上伴随着国家政治运动风波，党内法规的变动性、随意性比较大，原有的党内法规体系遭到严重破坏，无法发挥出应有的制约作用。制定工作思路上仍然未改变革命时期一时一规、一事一规的思路，多为原则性规定，缺少具体的配套措施。党内法规运作机制不健全，尤其是监督机制缺失，九大、十大党章既无“纪律”专章，又取消了监察委员会，因此被称为“无组织、无纪律”，使一些好的制度流于形式，甚至使得党规党纪被任意践踏。

（四）指导思想和组织原则上出现混乱和矛盾

任何党内法规的制定都是与党对世情国情党情的认识密切相关的，与党的科学稳定的指导思想和组织原则紧密相连。这一段时期党内法规制度建设在指导思想和组织原则上出现了混乱和矛盾，其中当时制定四部党章的变化就是这一情况的集中反映，而这种变化又使得以党章为依据的其他党内法规制度矛盾混乱，发展陷入停滞。

指导思想方面，八大党章制定的路线、方针、政策反映了党中央对当时中国社会的主要矛盾判断，比较符合当时中国社会的发展要求，但这一正确指导思想并未得到很好的坚持。随后党出现了对中国政治状况与阶级形势的误判，党内“左”倾思潮逐渐泛滥，加之“文化大革命”时期的极“左”思潮极端化，使党的建设从理论到实践都受到了“左”的影响。在此期间党内法规制度是在党偏离中国实际，错误地以“阶级斗争为纲”，贯彻所谓的“无产阶级专政下继续革命”的前提下制定实施的，国家的各项制度和八大党章及党内各项制度规范，都遭到了严重的破坏和践踏。

组织原则方面，党对民主集中制的贯彻提出了一些正确的理论主张，采取了一些切实的措施。如轮训交流干部的制度，加强党的监察制度，切实加强党的建设和各级党委的集体领导，这些措施对健全党内生活和民主集中制都起到积极作用。而错误的趋向主要是权力过于集中，个人崇拜、个人专断、一言堂作风有所发展，使党和国家政治生活中的集体领导原则和民主集中制不断受到削弱以至破坏。正如邓小平所说的："从一九五八年批评反冒进，一九五九年'反右倾'以来，党和国家的民主生活逐渐不正常。一言堂、个人决定重大问题、个人崇拜、个人凌驾于组织之上一类家长制现象不断滋长。"①

第三节　改革时期的党内法规（1978—2012年）

改革开放以后，以邓小平同志为核心的党的第二代中央领导集体反思"文化大革命"的教训，深刻认识到制度建设和党内法规的重要作用，确立了制度治党思想，标志着党内法规建设由自发阶段走向自觉阶段。

一、党内法规建设的基本状况

（一）党章建设

十一届三中全会召开以后，党的历史进入改革开放新时期，强调民主法制建设，强调党内制度建设，这都为党章的修改创造了良好的党内环境与政治氛围。

1982年党的十二大审议通过《中国共产党章程》，这是党章历史上具有重大意义的里程碑。十二大党章继承了七大、八大党章的优点，修正了九大、十大、十一大党章的缺点，从正反两个方面系统总结了执政党建设以及我们党制定党章的教训、经验。十二大党章的修改十分慎重，历时三年，邓小平明确指出："修改党章是要进一步明确党在四个现代化

① 《新时期党的建设文献选编》，北京：人民出版社，1991年版，第129页。

建设中的地位和作用。执政党应该是一个什么样的党，执政党的党员应该怎样才合格，党怎样才叫善于领导？”这些思想为十二大党章的制定指明了方向。首先，总纲部分更为充实完整，对党的性质、指导思想、奋斗目标和社会主要矛盾以及党的总任务、党的建设作出了科学的规定。其次，对全体党员特别是党员领导干部提出更加严格的要求，首次将入党誓词载入党章，新增“党的干部”一章。再次，对党的民主集中制作了比较充分、具体的规定，提出民主集中制的六条基本原则。最后，对党的中央和地方组织体制作出新规定，废除了党的历史上曾经实行过的主席制，实行总书记制，在中央和省一级设立顾问委员会。十二大党章适应了新时期执政党的特点，对党员、党的干部在思想上、政治上和组织上的要求更加严格，是把我们党建设成为社会主义现代化建设坚强领导核心的重要保证，是党的建设史上比较科学完备的一个党章，奠定了之后党章修改的坚实基础。

1987年党的十三大对党在建设有中国特色社会主义事业中的探索和成果作了总结，尤其是中央所提出的在党的建设上走出一条“不搞政治运动而靠改革和制度建设”新路的要求，为加强新时期党的制度建设指明了前进的方向。十三大通过的《关于〈中国共产党党章部分条文修正案〉的决议》，没有修改党章总纲，对党章中部分不适应改革中的新情况的条文进行了修改，涉及党章中的10个条文，例如第一次规定党委讨论决定重大问题需进行表决，第一次规定实行差额选举等共13处增删。

经历国内1989年的政治风波和国外苏东剧变的政治考验，根据国内外形势发生深刻变化和邓小平1992年视察南方重要谈话精神，适应改革开放不断深入发展，社会主义现代化建设的实践经验和新形势、新任务对党的建设和工作提出的新要求，1992年党的十四大对党章进行了修改完善。修改后的《中国共产党党章》突出了建设有中国特色社会主义的理论和党的基本路线，并将其贯穿于党章全文；根据基本路线的要求，对部分条文内容作了删改、调整和充实，增加了关于党的十一届三中全会以来历史进程的表述；确认了“党内法规”这一概念，明确了各级纪委负有维护党章和其他党内法规的重要职责，这标志着党内法规得到了党章的正式确认；恢复了十二大党章对党组的规定，删去有关顾问委员会的条文。

1997年党的十五大通过《中国共产党章程修正案》，进一步根据实践的发展对党章进行修正，起到承前启后、继往开来的作用。根据理论创新的需要，把邓小平理论确立为全党指导思想，把“解放思想，实事求是”写入党章，实现了党的思想路线新发展。

2002年党的十六大根据我们党的实践发展和理论创新的需要对党章进行了修改，在保持党章整体框架不变的前提下，对一些内容作了适当修改或补充完善。修改的内容包括增加了1989年党的十三届四中全会以来历史进程的表述，将“三个代表”重要思想确立为党必须长期坚持的指导思想，对党的性质也有了新的表述，实现了从“一个先锋队”到“两个先锋队”的转变，对中国新世纪新阶段经济和社会发展的战略目标和指导原则增加了新内容，对党的建设和党的领导提出了新要求，增写了“党徽党旗”一章等。

2007年党的十七大通过党章修正案，最重要的贡献就是在党章总纲和条文部分的修改当中体现了科学发展观的要求。十七大党章增加了关于中国特色社会主义道路和理论体系、中国特色社会主义事业总体布局、构建社会主义和谐社会等问题的论述，增写了党的组织制度、工作制度方面的内容，第一次规定党的各级组织按规定实行党务公开、党的各级代表大会实行任期制、党的中央和省区市委员会实行巡视制度。

2012年党的十八大根据形势和任务变化对党章进行修改完善。修改内容包括把科学发展观写入党的指导思想；对中国特色社会主义内涵作了新阐述；对中国特色社会主义事业总体布局作了充实和完善，增写了生态文明建设内容；强调改革开放的重大意义；对党的建设总体要求充实了新内容；对党员和党的干部提出新要求。

总之，十二大党章和在此基础上对党章的六次修改完善，体现了我们党的实践创新、理论创新和制度创新的重要成果，实现了党章内容的与时俱进，既注意保持党章的权威性、内容的连续性，也注意规定的内容切实可行，为改革开放新时期的党内法规探索奠定了坚实基础、提供了方向性指导。

这阶段比较特殊的是，1980年中共中央制定了党规史上第一个准则《关于党内政治生活的若干准则》。由于十一大党章未能彻底纠正九大、十大党章的错误，为了全面恢复和进一步发扬党的优良传统和作风，健全党的民主生活，维护党的集中统一，增强党的团结，巩固党的组织和纪律，提高党的战斗力，中央根据当时党内问题和状况制定了这部准则。以这样的形式写出的一部比较全面系统的党规党法，在党的历史上是一个创举。在这部准则中，既概括了历史上处理党内关系和整顿党风的经验，又提出了当时体现时代特征的党的建设的任务和要求，重申的十二条准则对于解决党的建设中各项重要问题具有重要理论意义和实践意义。在党内法规体系中，这部准则是统一各级领导机关和全体党员的行动的比较宏观完备的法规，为其他党规党法的制定提供了基础，是对党章的必不可少的具体补充。

（二）党的制度建设

为了清除"文化大革命"对党内制度运行的破坏，1979年8月17日，中共中央下发《关于清理历史遗留问题中涉及到有关中央文件的处理办法的通知》，强调对"文化大革命"期间（1966年5月至1976年10月），"中央过去所发文件的内容、提法和决定，同中央新发文件的内容、提法和决定相矛盾、相抵触的，一律应以新的文件为准，旧的文件或其中的有关部分自然失效，除少数特殊情况外，不必再一一宣布撤销"[①]。这次文件没有要求分别进行清理、撤销，因为文件数量很多，情况复杂，如果一一进行不但工作量大，实际也不必要，所以一揽子解决了历史文件与现实情况的冲突，使我们党迅速摆脱了之前的历史包袱，在新的起点更好构建和维护党内法规制度的协调统一。1990年7月，中共中央颁布《中国共产党党内法规制定程序暂行条例》，这是中国共产党历史上首次以党内法规的形式界定"党内法规"，是关于党规制定工作方面的第一个法规，

---

① 《中国共产党党内法规选编（1978—1996）》，北京：法律出版社，2009年版，第538页。

对党内法规的名称、适用范围、制定主体、制定程序等作了规定，推进了党内法规制定工作制度化、规范化。1990年11月，中共中央发布《中共中央办公厅关于党内法规备案工作有关问题的通知》，对党内法规备案工作提出明确要求。

为了加强党内法规建设，1991年4月成立了中共中央办公厅法规室（中办法规室），2011年7月更名为中办法规局，承担中央制定党内法规和中央领导国家立法的具体服务工作，负责党内法规制定，规划计划草案拟订和组织协调党内法规起草、审核、备案、解释、清理等工作。这充分体现了中央对党内法规建设的高度重视，标志着党内法规建设进一步提升和加强。

党的代表大会制度方面，1985年中共中央组织部发布《关于党的地方各级代表大会若干具体问题的暂行规定》，对党的代表大会代表名额及产生、代表大会主席团的产生及任务、委员会委员和候补委员名额及产生、纪律检查委员会名额及产生、选举办法等作了全面规定。党的十七大报告提出实行党的代表大会代表任期制，为把这项政治性、政策性都很强的工作规范推行，中央在总结多年试点经验的基础上，于2008年发布《中国共产党全国代表大会和地方各级代表大会代表任期制暂行条例》，有效推动党内民主建设。

（三）组织建设

党中央高度重视党的组织建设，制定完善相关党规制度。

一是党各级组织建设。党的十三大后，中央政治局第一次会议通过《十三届中央政治局工作规则试行》《十三届中央政治局常委会工作规则试行》《十三届中央书记处工作规则试行》，建立健全了中央各组织的工作制度，推进了中央工作制度化、规范化、程序化。1996年4月，为加强和改进党的地方各级委员会的领导，中共中央印发《中国共产党地方委员会工作条例（试行）》，规定了党的地方各级委员会的职责、组织原则和议事决策程序，对于有效规范地方党委工作具有重要意义。1996年的《中国共产党普通高等学校基层组织工作条例》、1998年的《中国共产党和国家机关基层组织工作条例》、1999年的《中国共产党农村基层组织工作条例》，都有力促进了基层组织建设。

二是选举制度。为健全党的民主集中制，完善党内选举制度，加强党的地方组织建设，提高基层党组织战斗力，中央分别于1990年和1994年制定《中国共产党基层组织选举工作暂行条例》和《中国共产党地方组织选举工作条例》，规范基层和地方党组织选举工作，规定了党的组织代表和委员会的选举要求，地方各级常务委员会委员和书记、副书记的产生，选举实施程序和监督处分措施等。

三是党内民主生活制度。1990年5月，中共中央印发《关于县以上党和国家机关党员领导干部民主生活会的若干规定》，规范了县以上党和国家机关党员领导干部民主生活会，提升了民主生活会质量。

四是干部选任制度。党的十一届三中全会以后，邓小平同志多次强调，解决组织路线问题，就是要解决年轻人的接班问题，解决机关臃肿和退休制度的问题，加快实现干部队伍的“革命化、年轻化、知识化、专业化”。改革开放初期，干部制度面临的最大问题是老龄化，以此为突破口，1982年党的十二大将干部选拔使用的“四化”方针写进党章，还决定成立中央顾问委员会。同年，中央还先后颁布《关于建立老干部退休制度的决定》和《关于老干部离职休养的几项规定》，构建了废除实际存在的领导职务终身制的机制。

党政干部制度改革和工作制度化规范化方面，要求在坚持革命化的前提下，逐步实现干部的年轻化、知识化和专业化，颁布实施了一系列党内法规制度。2002年7月，中共中央颁布了新时期党政领导干部选拔任用工作的基础性法规《党政领导干部选拔任用工作条例》，规定了民主推荐、考察、酝酿、讨论决定、任职以及党向人大或人大常委会推荐领导干部人选等程序，确立了公开选拔、竞争上岗等制度。这是第一部规范党政领导干部选任工作的党内法规，对于推进形成科学规范的党政领导干部选拔任用制度，形成富有生机与活力、有利于优秀人才脱颖而出的选人用人机制，推进干部队伍的革命化、年轻化、知识化、专业化具有积极意义。为了保证条例得到贯彻落实，增强条例的可行性，中共中央组织部于2003年和2005年两次印发《关于〈党政领导干部选拔任用工作条例〉若干问题的答复意见》，及时解决条例落实过程中遇到的各种问题。2004年颁发了《党政领导干部辞职暂行规定》《关于党政领导干部辞职从事经营活动有关问题的意见》《公开选拔党政领导干部工作暂行规定》《党政机关竞争上岗工作暂行规定》等干部人事制度改革法规文件，选人用人上有效地引进竞争激励机制，规范党政领导的正常流动，推进领导干部能上能下、能进能出，提高了干部人事工作的民主化程度，扩大了党员和群众对干部选拔任用的知情权、参与权、选择权和监督权。2006年1月，中共中央印发《干部教育培训工作条例（试行）》，这是党的历史上首次以党内法规的形式，对干部教育培训工作作出全面系统的规定。2006年6月，《党政领导干部职务任期暂行规定》《党政领导干部交流工作规定》《党政领导干部任职回避暂行规定》三个法规，进一步健全了领导干部职务任期、交流、回避制度。2009年，中央出台《关于建立促进科学发展的党政领导班子和领导干部考核评价机制的意见》。与此相配套，中央组织部制定《地方党政领导班子和领导干部综合考核评价办法（试行）》《党政工作部门领导班子和领导干部综合考核评价办法（试行）》《党政领导班子和领导干部年度考核办法（试行）》，进一步完善了领导干部政绩考核评价体系。2010年3月，为健全干部选拔任用工作监督机制并切实加强对干部选拔任用工作全过程的监督，中央办公厅印发《党政领导干部选拔任用工作责任追究办法（试行）》。中央组织部同步印发《党政领导干部选拔任用工作有关事项报告办法（试行）》《地方党委常委会向全委会报告干部选拔任用工作并接受民主评议办法（试行）》《市县党委书记履行干部选拔任用工作职责离任检查办法（试行）》。这三个试行办法与《党政领导干部选拔任用工作责任追究办法（试行）》配套衔接，共同构成了事前要报告、事后要评议、离任要检查、违规失责要追究的干部选拔任用工作监督体系。

五是党员管理制度。适应形势的新要求，为规范党员发展与管理工作，中共中央组织部于1990年制定《中国共产党发展党员工作细则（试行）》，1994年制定《关于加强党员流动中组织关系管理的暂行规定》，确保党员队伍不断壮大的前提下，党员队伍整体素质明显提高，组织活力不断增强。关于党员权利保障制度，2004年颁布的《中国共产党党员权利保障条例》，是在1995年颁布实施的《中国共产党党员权利保障条例（试行）》的基础上修订而成的。条例分5章：总则、党员权利、保障措施、责任追究、附则，共38条，进一步对党员的学习权、讨论权、知情权、建议权、批评权、选举权、被选举权以及申诉权、控告权等作了制度性的规定，是发展党内民主、健全党内生活、加强党的执政能力建设的一个重要举措，也是党员权利保障方面的基本法规。

（四）纪检监督制度

总结历史教训，恢复和加强纪检监察制度。“文化大革命”期间，党的纪律检查机构被取消。1978年12月，党的十一届三中全会决定成立中央纪律检查委员会。1979年1月通过的《中共中央纪律检查委员会关于工作任务、职权范围、机构设置的规定》明确规定“中央纪律检查委员会的根本任务是，维护党规党法，切实搞好党风”。1987年7月，为严格执行党的纪律，建立健全党内监督制度和人民监督制度，中央纪委制定《关于对党员干部加强党内纪律监督的若干规定（试行）》，对党内纪律监督的任务、内容、方式等作了规定。同月，中央纪委印发《党的纪律检查机关案件审理工作条例》，规范了纪委案件审理工作。

同时，陆续发布一些关于加强党内监督的“通知”“规定”“准则”，促进了党的团结统一，维护了党的先进性和纯洁性。

一是从政行为制度。2007年5月，针对当时权钱交易手法不断翻新、形式日趋多样的新情况，中央纪委发布《关于严格禁止利用职务上的便利谋取不正当利益的若干规定》，提出八项严格禁止的要求，细化了党员干部在经济和社会交往方面的政策界限。2009年7月，中央办公厅、国务院办公厅印发《国有企业领导人员廉洁从业若干规定》，这是规范国有企业领导人员廉洁从业行为的基础性法规。2010年5月，中央办公厅印发《关于党员领导干部报告个人有关事项的规定》，对领导干部报告事项的范围、程序、监督检查作了更加明确、具体的规定，是促进领导干部廉洁从政的重要举措。2010年11月，为明确领导班子、领导干部在党风廉政建设中的责任，中央颁布《关于实行党风廉政建设责任制的规定》。

2010年1月，中央印发《中国共产党党员领导干部廉洁从政若干准则》，强调防止以权谋私、防止利益冲突，在禁止“利用职权和职务上的影响谋取不正当利益”等8个方面对党员领导干部提出52个“不准”，规范了党员领导干部的廉洁从政行为，是一部规范党员领导干部从政行为的基础性法规。

二是权力制约和监督制度。2003年，中央颁布《中国共产党党内监督条例（试行）》明确规定开展党内监督的各项要求是党的历史上第一部全面规范党内监督的专门法规。条例阐明了党内监督的各项要求，把党的各级领导机关和领导干部列为党内监督的重点对象，规定各级纪委是党内监督的专门机关，明确了六种监督主体的责任与权力，确立10项监督制度，构筑了相对健全的监督体系。为保证条例的贯彻落实，中央有关部门进一步细化各项具体监督制度。比如，2005年12月，中央办公厅印发中央纪委、中央组织部《关于对党员领导干部进行诫勉谈话和函询的暂行办法》和《关于党员领导干部述职述廉的暂行规定》；2007年4月，中央办公厅印发《地方党委委员、纪委委员开展党内询问和质询办法（试行）》；2009年7月，中共中央印发《中国共产党巡视工作条例(试行)》；等等。

三是纪律处分制度。1997年，中共中央颁布《中国共产党纪律处分条例（试行）》，根据新形势新情况明确了党纪处分规定，详细规定党组织党员违反政治类、组织人事类、经济类、失职类等7类错误时应受到纪律处分。它是党的纪律和纪律处分方面的基础性法规，对于严肃党的纪律，纯洁党的组织，维护党的团结统一，保证党的路线、方针、政策贯彻执行具有重要意义。2003年，中共中央修订颁布的《中国共产党纪律处分条例》，科学总结了我们党长期以来，特别是《中国共产党纪律处分条例（试行）》实施近7年的实践经验，对实施党纪处分的原则、纪律处分的种类、纪律处分运用规则等作了具体规定，提出要严惩违反政治纪律的行为、违反廉洁自律规定的行为和贪污贿赂行为等10类违纪行为，对于加快党内纪律建设、推动反腐倡廉工作的深入开展具有重要意义。

（五）作风建设

1979年11月，中央发布《关于高级干部生活待遇的若干规定》，对于促进党风政风好转、改善党群干群关系起到积极作用。1984年12月，中共中央、国务院发布《关于严禁党政机关和党政干部经商、办企业的决定》，此后又出台《关于禁止领导干部的子女、配偶经商的决定》《关于进一步制止党政机关和党政干部经商、办企业的规定》《关于县以上党和国家机关退（离）休干部经商办企业问题的若干规定》，对于遏制党政机关和干部、干部配偶、子女违规经商的不良风气起到重要作用。为贯彻落实党中央、国务院《关于近期做几件群众关心的事的决定》，中央办公厅、国务院办公厅于1989年先后印发《关于严格控制领导干部出国访问的规定》《关于中央党政机关汽车配备和使用管理的规定》《关于在国内公务活动中严禁用公款宴请和有关工作餐的规定》等党内法规，严格领导干部出国访问、汽车配备使用管理、公务用餐等规定，恢复和发扬了党艰苦朴素、密切联系群众的优良传统，深化了党的作风建设。

为推动党政机关厉行勤俭节约、制止奢侈浪费，中央办公厅、国务院办公厅先后印发《关于继续从严控制党政机关办公楼和培训中心项目建设的通知》（2003年1月）、《关于省部级人员因公临时出国的若干规定》（2005年6月）、《党政机关国内公务接待管理规定》（2006年10月）、《关于进一步严格控制党政机关办公楼等楼堂馆所建设问题的通知》（2007年3月）、《关于进一步加强因公出国（境）管理的若干规定》（2008年3月）、《评比达标表彰活动管理办法（试行）》（2010年10月）、《党政机关公务用车配备使用管理办法》（2011年1月）等法规制度，有力促进了党风政风好转。

二、党内法规建设的阶段性特点

十一届三中全会以前党的制度建设是在探索中进行的，由于客观上执政时间尚短，主观上缺乏科学理论的指导，所以十一届三中全会以前的制度建设是在曲折中发展的。改革开放以来，党中央在总结执政30多年来，特别是“文化大革命”10年的制度建设正反两方面的经验教训，重新确立了科学的思想、政治和组织路线，党的各项事业开始得到良性推进和发展。在新时期执政党制度建设理论的指导下，中国共产党对党内法规建设的意义认识逐渐深入，开始党内法规建设规律探索，党内法规建设也开始向着科学化、系统化、规范化发展。这一时期的党内法规的特点有：

（一）树立科学的党内法规建设理念

中国共产党面对全面执政和改革开放的环境，总结了执政以来的党内法规建设的经验，逐渐建立一套集中反映党的整体意志，符合执政党的活动的党内法规建设规律，使国家走向依法治国、党走向以制度治党的科学轨道。从“文化大革命”的教训中，党已经深刻意识到人治模式的巨大风险和代价。1978年邓小平同志第一次把党规党法与国家法律放在同等重要的位置，他强调：“国要有国法，党要有党规党法。党章是最根本的党规党法。没有党规党法，国法就很难保障。”这句话深刻揭示了党内法规的地位和作用，阐释了党内法规与国家法律的关系。十三大深刻总结了党的制度建设的经验，提出了切实加强党的制度建设的任务，强调党的建设要走出一条不靠政治运动而靠改革和制度建设的新路子。在十三大报告和党章部分条文修正案中，提出从多个方面加强党内民主制度的建设。在这一时期，党内法规建设从理论到实践都进入了一个崭新的历史阶段，党内法规建设既是对党的制度的恢复和健全，同时也在具体化、规范化、制度化方面迈出了新的步伐。党的十五届六中全会的一个显著特点是，通过《中共中央关于加强和改进党的作风建设决定》，鲜明地把“推进制度建设”写进了加强和改进党的作风建设的指导思想，强调从源头上预防和治理各种不良作风，必须“一靠教育，二靠制度”，这些都为我们从根本上解决作风建设中存在的问题指明了方向。党的十六届四中全会首次在党的正式决议中将制度建设与思想建设、组织建设、作风建设并列，同时作为党的建设的重要组成部分。2006年，胡锦涛在十六届中央纪委六次全会上首次提出“加强以党章为核心的党内法规制度体系建设”[①]，这是党的领导人首次提出党内法规制度体系建设目标任务，具有重大的

① 《十六大以来重要文献选编》下册，北京：中央文献出版社，2008年版，第181页。

战略指导意义。党的十七届四中全会指出“建立健全以党章为根本、以民主集中制为核心的制度体系”，党内法规建设因此有了更加清晰的发展路径。

（二）党内法规体系化、规范化进一步加强

十一届三中全会以来，我们在制度建设中注意了党的根本制度，包括党章、准则等；注意了党的基本制度，包括领导制度、组织制度、工作制度、生活制度和监督制度与党的具体制度的配套；注意了制度与国家法律之间的相互配套等。党内法规实现了制定和执行上的稳定连续性，党内法规建设体系化和制度化进一步加强。

党章是党内法规的基础，十年内乱期间党章遭到了严重的破坏。十二大以来党的代表大会制定和修改的党章，无论是在内容上还是结构上都更加规范，在内容上从思想路线到组织原则更加科学，在形式上从制定程序到法条规范都根据党所面临的新形势新任务进行了合理的调整与衔接。党章的规范制定与平稳运行得到了保障，并在此基础上制定出了一系列体系化的党内法规，将相关党章内容进行了具体化、实践性的拓展。党内法规建设最核心的是坚持和贯彻好民主集中制原则，经过30多年党内法规的发展，使民主集中制的各项要求不断具体化、制度化、规范化。首先，第一次以准则的形式出台两部思想性、政治性、综合性很强的党内法规——《中国共产党党内政治生活若干准则》《中国共产党党员领导干部廉洁从政若干准则》，补足了党内法规体系中仅次于党章的效力位阶的重要规范。其次，规范了党建各领域的党内法规建设，在思想建设方面，加强党员干部的理论教育和思想政治工作；在组织建设方面，坚持和健全民主集中制，贯彻执行党的干部路线和政策；在党风廉政建设方面，努力建立与社会主义市场经济规则相适应的党员干部廉洁从政行为规范和作风要求。通过各领域一批主干党内法规的补齐，我们逐渐建立了党内法规体系的基本框架，开始把制度建设有机结合贯穿于思想、组织、作风、反腐倡廉建设之中。再次，中央、地方、基层出台了一系列系列，规范了从上到下，各领域党内的各级各类组织的工作规范，夯实了党的基础。最后，制定了一系列程序性、配套性法规，规范了党的工作的流程，增强了主干性法规的操作性，全面推进党的各项工作的规范化和制度化。

（三）党内法规的发展不够均衡

这个阶段，党内法规制度建设无论从思想上、理论上还是实践上都有显著进展，我们党在党内法规的制定、执行、监督等方面都做了卓有成效的工作，党内生活、党内关系的许多方面已经稳定和常态化，尤其体现为积极回应时代要求。但这同时也造成党内法规发展不够均衡，法规体系仍不够完善，有些应由党内法规调整领域仍然依靠政策调整，依规治党仍有待深入。

有些领域党内法规制度充实，有些领域党内关系仍欠缺规范调整。从之前对党内法规的梳理可以看出，这一阶段党内法规中党的作风建设和反腐倡廉建设，以及党的干部队伍建设的数量相对比较多。一方面，这说明党内法规适应社会和党的建设的迫切要求，与时俱进，在解决党的建设中的突出问题上发挥了重要作用。比如作风建设和反腐倡廉建设方面，在改革开放初期，腐败现象发生的领域单一、表现形式简单、发生频率较低，当时相关的党内法规强调精准性，往往是针对一类型行为专门进行规范。随着改革开放的深化，腐败现象的数量、规模、复杂性和影响力大幅上升，我们党不断总结反腐败斗争的经验，逐步形成了对党风廉政建设的规律性认识，提出坚持标本兼治、综合治理、惩防并举、注重预防的战略方针。党中央对各种违法乱纪行为基本上都作出了限制性要求并规定了处理办法，努力建立与社会主义市场经济规则相适应的党员干部廉洁从政行为规范，着力建立健全惩治和预防腐败体系。据不完全统计，从2002年至2012年，中央纪委、监察部单独或者会同有关部门起草制定法规制度230余件，各省（区、市）纪检监察机关起草制定反腐倡廉法规和规范性文件达1700余件。[①] 而在干部人事领域，党内法规的持续更新与密集出台凸显了中央对干部选拔任用方式的改革，体现了党在干部人事制度领域解放思想、更新观念的制度化成果，是持续推进

① 钟季法：《为反腐倡廉提供更加完备的制度保障——党的十七大以来反腐倡廉法规制度建设研究综述》，《中国监察》，2012年第12期。

社会主义民主政治建设的重要方面。另一方面，这说明中央对党内法规体系建设缺乏顶层设计和科学规划，出现了有的领域制度供给过剩，有的领域制度供给不足。比如这一时期党内法规仍然呈现实体性法规居多，程序性法规偏少，实体性法规和程序性法规相互融合不足的状况，从而阻碍了党内法规的科学化发展。很多法规制度缺乏可行的操作办法和实施程序，而且彼此之间无法很好协调配套，党内法规体系完善仍需继续推进。

第三章　党章是依规治党根本遵循

党章作为立党、治党、管党的总章程、总规矩，在政党政治生活中具有重要地位和作用。马克思主义政党始终高度重视党章建设，把党章视为无产阶级政党组织上统一和行动上一致的重要保证，是党的各级组织和全体党员必须遵守的基本行为规范和准则。习近平同志指出："党章是党的总章程，集中体现了党的性质和宗旨、党的理论和路线方针政策、党的重要主张，规定了党的重要制度和体制机制，是全党必须共同遵守的根本行为规范。"党章作为一个整体，它包含了党的指导思想、政治主张、组织路线，党的政治建设、思想建设、组织建设、作风建设、纪律建设的要点，因而最集中又最具权威地体现了党的整体意志、利益及共同理想，是党的建设和全部活动的基准。

第一节　党章是全党必须遵循的总章程、总规矩

党章是指"政党规定自身活动准则和行为规范的文献，是党内的最高法规，是党的政治态度和组织形态的集中反映"[①]。正如列宁指出的："章程是组织的形式表现"[②]。组织是指人们为实现一定的目标，相互协作而组成的集体或者团体。按照现代法律的要求，任何一个公司、一个组织成立的必要条件之一在于事先订立公司章程或组织章程，按照章程要求

① 《中国共产党组织工作辞典》（修订本），北京：党建读物出版社，2009年版，第9页。
② 《列宁全集》第8卷，北京：人民出版社，1986年版，第364页。

把自己组织起来，开展活动。马克思主义认为，政党是一定阶级、阶层或集团的积极分子为维护本阶级、阶层或集团的利益，围绕着夺取政权、巩固政权或影响政府而结合起来的采取共同行动的政治组织。政党作为政治组织的最高形式，章程是完备的政党形态所不可缺少的。对无产阶级政党来说，党章有着特殊重要的意义。早在共产主义者同盟成立以前，恩格斯就指出，任何一个团体在成立的时候，都必须首先制定章程和组织条例。1847年6月，在马克思、恩格斯领导下，世界上第一个以科学社会主义为指导思想的国际无产阶级政党——共产主义者同盟在伦敦成立。马克思、恩格斯不但亲自制定党的纲领《共产党宣言》，而且制定《共产主义者同盟章程》。该章程在共产主义者同盟的第一次代表大会上通过，涉及共产主义者同盟的奋斗目标、组织原则、入盟的条件以及盟员必须要遵守的纪律。科学的党章是无产阶级政党信念坚定、组织统一、行动一致的重要保障，也是党存在、发展和夺取胜利的一个基本条件。我们党在党章中集中体现了党的性质和宗旨、党的理论和路线方针政策、党的重要主张，规定了党的重要制度和体制机制，是全党必须共同遵守的根本行为规范。

一、党章是党的政治态度和组织形态的集中反映

《中国共产党章程》采用纲章合体的结构，分为政治纲领（总纲）和组织章程（条文）两部分，这种结构体例是党在七大党章中的创新。党章的政治纲领是组织章程的指导，指明组织章程制定所依据的政治方向和目标，凸显党章的政治功能。政治纲领部分采用的是论述性语言和段落式阐述，统领党章组织章程部分内容。组织章程指明党员和党组织的基本行为规范，党组织依据什么样的原则构筑怎样的组织结构体系，是政治纲领内容的转化，为政治纲领的实现提供保证。组织章程凸显了党章的组织管理的功能，为纲领的实现提供保证。组织章程部分采用条文形式，根据内容的逻辑关联分为若干章，章下为条。党章全文精练庄重、科学准确，既避免因表述含混不清、界限不明而引起的误解和歧义，也避免因使用过多的修饰词和口号式文字而造成的空洞、浮华。总体而言

党章长短篇幅适中，结构完整，逻辑严谨，层次分明，语言凝练，总纲与条文各章按照相互关联排序，从而构成一个具有内在逻辑性的整体。

党的纲领主要阐述一个政党的本质属性和政治价值理念，规定了党的性质、指导思想、宗旨、奋斗目标与施政纲领等内容，这代表了全党的根本利益，集中了全党的意志、信念和愿望。马克思主义政党的党章是划分正确与错误、马克思主义与非马克思主义或反马克思主义的重要分界线。列宁指出："确定党的观点和反党观点的界限的，是党纲，是党的策略决议和党章"[①]。

对党外而言，党的纲领起着树立形象、宣传主张、号召群众的作用。党的纲领"是一面公开树立起来的旗帜"，阐明了党的性质、指导思想、奋斗目标和路线方针政策。尽管正如马克思在《哥达纲领批判》中指出的"一步实际行动比一打纲领更重要"，人民了解或判断党的性质最终是参照政党的行动，但是政党的纲领，尤其是看它所宣称的指导思想、政治主张、奋斗目标、路线方针政策，依然是判断政党性质的一个方面。纲领宣传一个政党的主张，号召发动群众，壮大自己的队伍。不仅中国的政党，任何其他的成熟政党也基本都有自己的政治纲领或竞选纲领。恩格斯指出："新的党必须有一个明确的积极的纲领，这个纲领在细节上可以因环境的改变和党本身的发展而改动，但是在每一个时期内都必须为全党所赞同。这种纲领还没有制订出来或是还处于萌芽状态，新的党本身也将处于萌芽状态；它可以作为地方性的党存在，但还不能作为全国性的党存在；它将是一个潜在的党，而不是一个实在的党。"

对党内而言，党的纲领起着指明方向、统一意志、加强团结的作用。列宁指出："马克思也好，社会民主党的任何一个理论家或实际家也好，都不否认纲领对于政党的团结一致、始终一贯的活动有重大的意义。"党员首先要有对党纲领中所明确的政治理念坚信不疑，才能对党亲近、爱护、热爱，产生归属感，产生为完成党的奋斗目标而自觉努力的动力。

---

① 《列宁选集》第1卷，北京：人民出版社，1995年版，第665页。

组织章程凸显党章所具有组织功能，党的“章程是组织性的正式表现”，是“党组织的形式和规范的总的决议”，是“一致通过的组织规则”。组织章程内容主要包括行为准则和组织结构体系。任何组织都要求成员遵循一定的行为标准，对政党而言体现为纪律。一个政党既要以共同的意识形态来凝聚，也需要按照一定结构组织起来，并以纪律和规矩来对党员进行约束。

1903年，俄国社会民主工党召开第二次代表大会，建立了新型的工人阶级政党。在此次代表大会上，以列宁为首的马克思主义者和以马尔托夫为首的机会主义者围绕党章的第一条展开了激烈的争论，两者分歧的本质是要建立什么党的问题。列宁指出：“凡承认党纲、在物质上支持党并亲自参加党的一个组织的人，可以作为党员。”列宁强调党员必须参加党组织，严格遵守党组织的各项规章制度，实际上是主张建立一个纪律严明、组织严密、集中统一的政党，其成员都必须无一例外地参加党的一个组织，接受党的监督和领导。而马尔托夫则提出：“凡承认党纲并在党的机关监督和领导下为实现党的任务而积极工作的人，可以作为俄国社会民主工党党员。”也就是说，任何一个人可以随时宣布自己是一名党员，也可以随时声明自己放弃党员身份，这实际上是说明党员只要在党组织外同情和赞助党即可，可以不受党组织的约束。他实质上是主张建立一个组织松散、成分复杂、不定型的、混乱的政党，“为一切涣散的、动摇的和机会主义的分子敞开大门”。列宁严厉地批评了马尔托夫的主张，指出：“我们的任务是要维护我们党的坚定性、彻底性和纯洁性。我们应当努力把党员的称号和作用提高，提高，再提高——所以我反对马尔托夫的条文。”1905年，在俄国社会民主工党第三次代表大会上，首次确认了列宁的建党主张。在《为俄国社会民主党国外组织代表会议决议加的按语》中，列宁进一步指出：“统一必须有共同的组织基础。据我们所知，到目前为止只有党的第三次代表大会通过的、完全保证少数派有合法权利的俄国社会民主工党的章程能作为这样的基础。”[①]

马克思主义政党特别强调严格的组织性纪律性，这一方面和党诞生之初就面临严峻的革命形势，成立时处于被压迫、被围剿状态相关。1859年，马克思在写给恩格斯的一封信中指出：“我们现在必须绝对保持党的纪律，否则将一事无成。”在第三国际加入条件第13条中明确：“加入共产国际的党，应该是按照民主集中制的原则建立起来的。在目前激烈的国内战争时代，共产党必须按照高度集中的方式组织起来，在党内实行像军事纪律那样的铁的纪律，党的中央机关必须拥有广泛的权力，得到全体党员的普遍信任，成为一个有权威的机构。只有这样，党才能履行自己的义务。”另一方面也和党的性质以及组织形态相关。马克思主义政党是以要实现共产主义，最终解放全人类为己任，这要求党把战斗力的基础建立在基层，通过基层组织和广大党员去动员和组织人民群众。这就要求强调基层党组织战斗堡垒作用，强调党员必须在社会生活和工作岗位上发挥先锋模范作用。党章对于入党标准和程序有严格规定，我们任何人入党是在学习了党章，在明白了党员义务责任的基础上自由意志的选择，是对于政治态度和信仰的承诺，因此一旦入党，要在政治上讲忠诚、组织上讲服从、行动上讲纪律。

“党章的基本思想是划分职能。”[②] 无产阶级政党必须依据党章，按照一定的原则构成结构严密的整体。刘少奇在《论党》中分析党的组织特点，指出：“在一个工厂或一个农村中，仅有三个党员在一起，这还不是党的组织，还必须按民主的集中制组织起来。在通常的情况下，这三个党员中必须有一个是组长，其余两个是组员，即是在各种活动中有一个领导者，两个被领导者，才能成为党的组织。”党的一切组织是按民主集中制原则建立起来的。这个原则的规定，正确处理了党内关系，使党的中央与地方、组织与个人、部分与整体都有机地统一起来了，使党更加团结、更加巩固、更有战斗力。“有了这种组织，就产生出新的力量。无产阶级

---

① 《列宁全集》第11卷，北京：人民出版社，1987年版，第168页。
② 《列宁全集》第7卷，北京：人民出版社，1986年版，第254页。

的力量，就在于组织。”① 无产阶级要求建立一个组织严密、纪律严明的政党，只有这样的政党，才能巩固党的统一、维护党的团结。在《进一步，退两步》这篇文章中，列宁指出：“为了保证党内团结，为了保证党的工作集中化，还需要有组织上的统一，而这种统一在一个已经多少超出了家庭式小组范围的党里面，如果没有正式规定的党章，没有少数服从多数，没有部分服从整体，那是不可想象的。”② 我们党的党员就是按照民主集中制组织起来，分为中央组织、地方组织和基层组织，对社会发挥领导作用的党组。不同的党组织各司其职，组织其中的党员，团结他们的力量，构建成为目标统一、完善严密、坚强有力的政党。

二、党章是党内的根本大法

关于党章在党的生活中的地位，邓小平在改革开放初期说过：“国要有国法，党要有党规党法。党章是最根本的党规党法。”③ 习近平同志明确指出：“党章就是党的根本大法”，是对马克思主义建党理论的继承和发展，从党内法规高度精辟概括了党章的重要性，凸显了党章的内容根本性、在党内法规系统的基础地位、最高权威性等特点。

第一，党章是党的总法规。党章作为党的总章程，它回答和规范的是党的领导和党的建设的根本问题，具有原则性、概括性和稳定性的特点。党章的内容包括党的性质和宗旨、党的理论和路线方针政策、党的重要主张，规定了党的重要制度，是全党必须共同遵守的根本行为规范。党章是把握党的正确政治方向的根本准则，党的一切活动要严格按照党章的规定来执行，以党章为根本准则和依据。但是党章并不是党内的百科全书或具体工作指南，也不是党内法规制度的汇编，不需要也不可能规定党的领导和党的建设一切方面和一切细节，否则必然过于冗长、繁琐，从而降低了它的地位，也不可能保持稳定性。

---

① 《刘少奇选集》上卷，北京：人民出版社，1981年版，第358页。
② 《列宁专题文集·论无产阶级政党》，北京：人民出版社，2009年版，第130-131页。
③ 《邓小平文选》第2卷，北京：人民出版社，1994年版，147页。

从内容来看，党章为实现党的纲领、开展党的活动、推动党的建设和规范党内各类关系，确立了最基本的原则和最根本的行为规范。党章从纲领到章程规定的都是党的领导、党的建设和党的工作中最重要、最基本、事关全局性的问题，反映了全党在这些原则问题上的集体意志，是党团结统一的根本基础。相比之下，其他党内法规都是党章某方面内容的细化，只是就党员和党组织行为活动的某个方面作出详细规定，内容没有党章那样带有全局性、根本性。

第二，党章是全党意志的集中体现。党章是以全党名义所确定的党内“共同法律”和“最高法典”，是“一致通过的组织规则”。

列宁指出，建党后，党员应以“正式规定的整体意志作为他的行动的准绳”①。党章就是这种“正式规定的整体意志”的体现。党章是全体党员和党组织意志的集中体现，尽可能反映广大党员和党组织的要求，党章制定权从本质上只能属于全体党员。虽然制定、修改党章并非全体党员都直接参加，但是党章真实反映了全党的意志和愿望。

《中国共产党党内法规制定条例》第三十三条规定：党章的修改适用党章的规定。《中国共产党章程》第二十条规定：修改党章的职权由党的全国代表大会来行使。因而从产生的方式看，党章只能由党的最高领导机关即党的全国代表大会制定或修改，其他个人、机构或部门均无权决定。这也充分体现了党章是党员的整体意志的集中体现，而不是某个人、某些集团意志的体现。

党章是在党中央的领导下，在充分发扬党内民主和广泛听取广大党员和党组织意见的基础上，按照严格的程序和民主集中制原则进行制定或修改。从现行党章的历次修改来看，党章修改过程是一个充分发扬党内民主、集中全党智慧的过程。以十九大党章的修改为例。在广大党员和地方、部门党组织的建议之下，2017年5月18日，习近平同志主持召开中央政治局常委会会议，作出党的十九大对党章进行适当修改的重大

---

① 《列宁选集》第1卷，北京：人民出版社，1995年版，第503–504页。

决定。随后，中央成立党章修改小组。本次党章修改，党中央成立了由刘云山同志任组长、王岐山同志任副组长的党章修改小组，在中央政治局常委会直接领导下工作。6月19日，以党章修改小组举行第一次全体会议为标志，党章修改工作正式启动。在党章修改过程中，始终注重广泛征求意见。党中央于6月、8月两次就党章修改工作向各地区各部门下发征求意见通知。按照党中央通知要求，各地区各部门精心组织召开座谈会，广泛征求意见和建议，并积极反馈2165条意见和建议。十九大党章修改中，习近平同志6次主持召开中央相关会议，研究党章修改工作、审议党章修改相关文件；主持召开6场座谈会，当面听取对党章修改的意见和建议。党章修改小组落实中央部署，按照具体任务、时间进度和工作要求，先后召开5次全体会议、30多次工作班子会议，认真梳理修改意见和建议，形成30多份党章修改稿、过程稿，并送交中央审议。7月20日、24日，中央政治局常委会会议、中央政治局会议先后审议党章修正案（送审稿）。9月14日、18日，习近平同志分别主持召开中央政治局常委会会议、中央政治局会议审议党章修正案（讨论稿）。10月11日至14日，在党的十八届七中全会上深入研究和讨论，并通过了《中国共产党章程（修正案）》，决定提请党的十九大审议。党的十九大期间，党章修正案稿吸收与会代表提出的意见和建议，作了进一步修改完善。10月21日，习近平同志主持召开大会主席团常务委员会第一次会议，听取党章修正案修改情况，对新修改的内容逐一讨论。10月24日，在党的全国代表大会上正式通过关于《中国共产党章程（修正案）》的决议。

在党的历史上，只有党的五大授权由中央政治局以《中国共产党第三次修正章程决案》方式来修改党章，除此之外的党章的制定和修改都由党的全国代表大会来进行。这主要是由五大召开的历史背景所决定的。五大是在1927年蒋介石发动“四一二”反革命政变仅仅半个月的大革命危机时刻召开的，在这样的情况下，只是在争取无产阶级对革命运动的领导权等问题上达成一致，未能及时修改党章，所以只能把党章修改的问题委托给中央政治局在会后来完成。

从党章的发展历程上也可以看出，通过严格的党章制定和修改程序，使得党章集中体现了全党的信念和愿望，成为统一全党思想和行动的武器。

第三，党章具有最高的权威效力。党章在党内法规体系中具有最高的权威效力，发挥着其他党内法规无法替代的重要作用。从党章的效力来看，党章具有普遍效力和最高效力。普遍效力反映了党章的横向效力，即党章对全体党员和各级党组织具有普遍性和强制性的约束力，对党外成员和组织不具有直接约束力，但是有着巨大的影响力。因为作为执政党，中国共产党是长期执政党；作为领导党，党是领导一切工作的。中国共产党的领导是中国特色社会主义最本质的特征，是中国特色社会主义制度的最大优势。党政军民学，东西南北中，党是领导一切的。党对领导方式的调整，党的大政方针的确定，都必然影响着党的执政、国家的发展和人民的福祉。

最高效力反映了党章的纵向效力，即党章在党内法规体系中处于最高层次。建立健全党内制度体系，要以党章为根本依据；判断各级党组织和党员、干部的表现，要以党章为基本标准；解决党内矛盾，要以党章为根本规则。党章作为党内具有最高权威的根本法规，是制定党内其他法规的依据和基础，党内其他法规都是党章的延伸或补充，都必须服从或从属于党章，其内容与精神不得与党章的内容和精神相抵触、相矛盾。

党章既然是全党意志和利益的集中体现，那么它一旦通过就必须严格遵守。党章对全体党员和党组织均具有同等的约束力，任何党员和党组织都不能违背。马克思在致保尔·拉法格的信中，将共产党的共同章程视作“最高的判决”；恩格斯在关于第一国际章程致费拉拉工人协会的信中指出：“这个共同章程和组织条例，是我们协会唯一的法律，它们可能会使你们的自治受到限制……每一个支部均有权根据当地条件和本国法律的特点制订自己的地方性章程和条例。但是，此种章程和条例的内容，不得与共同章程和条例有任何抵触。”

马克思、恩格斯在《共产主义者同盟章程》中指出：“支部主席向被接收入盟的盟员宣传和说明章程的第一条到第四十九条，要在简短的讲话中特别强调入盟者应尽的义务”。新的盟员要在学习章程的基础上严格遵守并执行党的章程，否则根据章程第三十七条应“视情节轻重或暂令离盟或开除出盟。凡开除出盟者不得再接收入盟”。列宁指出：“党本身必须对它的负责人员执行党章的情况进行监督，而‘监督’也不单单是在口头上加以责备，而是要在行动上加以纠正。”① 党章不仅规定了党内监督的专责机关——党的纪律检查机关的构成和职权，由其确保党的纪律执行，而且明确了党的纪律处分的内容、原则和程序等。这些规定确保了党章对全体党员和党组织具有普遍强制力和约束力。

三、党章是加强党性修养的基本遵循

党性是指一个政党所固有的本质属性。党性是党员干部立身、立业、立言、立德的基石，党员干部必须通过严格的党内生活锻炼不断强化党性。党性修养是指“共产党员在政治、思想、道德品质和知识技能方面按照党性原则所进行的自我修养和锻炼，是共产党员自我教育、自我改造和自我完善的主要途径”。② 习近平同志在2009年中央党校春季学期开学典礼的讲话中强调：各级领导干部要加强理论修养，真正掌握马克思主义的立场观点方法，坚持以与时俱进的态度学习和运用马克思主义理论；要加强政治修养，增强政治信念的坚定性、政治立场的原则性、政治鉴别的敏锐性、政治忠诚的可靠性；要加强道德修养，不断提高道德认识、陶冶道德情操、锤炼道德意志、提升道德境界；要加强纪律修养，增强纪律观念，自觉在思想上政治上行动上同党中央保持高度一致，确保政令畅通；要加强作风修养，做到执政为民有新举措、求真务实有新要求、廉洁从政有新成效。良好的党性修养既是共产党员安身立命之本，也是共产党员经受风险考验的坚强后盾。

党要管党，治党务必从严，从严必依法度。全面从严治党的根本依据就是各项党内法规，尤其是党章的各项基本性规定。党章作为全党必

---

① 《列宁全集》第9卷，北京：人民出版社，1987年版，第292页。

② 《中国共产党组织工作辞典》（修订本），北京：党建读物出版社，2009年版，第37页。

须遵循的总章程、总规矩，明确规定了党员的义务和权利以及党员干部应该具备的基本条件，要求共产党员必须是有共产主义觉悟的先锋战士，必须全心全意为人民服务，为实现共产主义奋斗终身；要求领导干部必须有强烈的革命事业心和政治责任感，坚决执行党的基本路线和各项方针、政策，正确行使人民赋予的权力，成为德才兼备的党的事业骨干和人民的公仆。习近平同志指出："没有规矩，不成方圆。党章就是党的根本大法，是全党必须遵循的总规矩。在各级党组织的全部活动中，都要坚持引导广大党员、干部特别是领导干部自觉学习党章、遵守党章、贯彻党章、维护党章，自觉加强党性修养，增强党的意识、宗旨意识、执政意识、大局意识、责任意识，切实做到为党分忧、为国尽责、为民奉献。"

但在实践中，少数党员干部和一些党组织没有按照全面从严治党的要求学习和执行好党章，导致在少数党员干部身上暴露出缺乏党性修养的各种突出问题。比如，有些党员干部理想信念动摇、信仰缺失，精神"缺钙"问题严重，世界观、人生观、价值观这个"总开关"出了问题。理想的滑坡是最致命的滑坡，信念的动摇是最危险的动摇。如果丧失理想信念，或者理想信念不坚定，精神上就会"缺钙"，就会得"软骨病"。近几年一些党员干部违纪违法，往往是从理想信念淡漠发展到政治上的蜕变、经济上的贪婪、生活上的腐化、作风上的专横，教训极其深刻。习近平同志指出："在我们的干部队伍中，也有的对共产主义心存怀疑，认为那是虚无缥缈、难以企及的幻想；有的不信马列信鬼神，从封建迷信中寻找精神寄托，热衷于算命看相、烧香拜佛，遇事'问计于神'；有的是非观念淡薄、原则性不强、正义感退化，糊里糊涂当官，浑浑噩噩过日子；有的甚至向往西方社会制度和价值观念，对社会主义前途命运丧失信心；有的在涉及党的领导和中国特色社会主义道路等原则性问题的政治挑衅面前态度暧昧、消极躲避、不敢亮剑，甚至故意模糊立场、耍滑头，等等。"有些党员干部宗旨意识淡化，淡薄了为人民服务的意识，不能准确把握"我是谁、为了谁、依靠谁"；有些党员干部道德认知缺失，出现思想颓废、生活奢靡、道德败坏的情况；有的党员"四个意识"不强，不守政治纪律政治规矩，在党不言党、不爱党、不护党、不为党，组织纪律涣散，不按规定参加党的组织生活，不按时按比例缴纳党费，不完成党组织分配的任务，不按党组织原则办事等，都严重损害了党的形象。

所有党员只有认真学习和执行好党章，不断提高个人品德和政治素养，才能始终站在党和人民的立场上，才能坚守共产党员政治本色，做到坚定理想信念、保持优良作风、坚守道德情操。领导干部只有认真学习和执行党章，才能不断增强革命事业心和政治责任感，坚决执行党的基本路线和各项方针、政策，正确行使人民赋予的权力，严格遵守党的政治纪律和政治规矩，增强"四个意识"特别是核心意识、看齐意识，更加坚定地维护以习近平同志为核心的党中央权威，自觉在思想上政治上行动上同以习近平同志为核心的党中央保持高度一致，成为党和人民需要的德才兼备的党的事业骨干和人民的公仆。

第二节　现行党章的主要内容和十九大对党章的重要修改

《中国共产党章程》是立党、治党、管党的总章程，是党的根本大法，是全党必须遵循的总规矩。党章由党的总纲和党的组织章程（条文）两部分组成。作为一个坚持实事求是、勇于开拓创新的马克思主义政党，中国共产党始终高度重视党章建设。1922年，中共二大制定第一部党章，随着党的实践发展和理论创新的不断深化，党的历次全国代表大会都对党章进行了充实和修改，到党的十九大已经修改过17次党章。每一次党章的修改都一方面坚持了过去党的领导和建设中的成功经验和优秀传统，另一方面总结了新时期我们党与时俱进、锐意进取、不断改革发展的新的经验。习近平同志指出："在90多年的奋斗历程中，我们党总是认真总结革命建设改革的成功经验，及时把党的实践创新、理论创新、制度创新的重要成果体现到党章中，从而使党章在推进党的事业、加强党的建设中发挥了重要指导作用。"

十九大修改后的党章近2万字，对比十八大党章修改了107处，总纲修改58处，条文修改49处。十九大报告指出，五年来的成就是全方位的、开创性的，五年来的变革是深层次的、根本性的。在这个过程中，我们党提出一系列新理念新思想新战略，出台一系列重大方针政策，推出一系列重大举措，推进一系列重大工作。此次修改党章注意总结十八大以来中国共产党治国理政最新成果，对被实践证明的成功经验进行理论概括，使党章的内容得到进一步丰富和全面。

一、现行党章总纲部分的主要内容和重要修改

党的纲领主要阐述一个政党的本质属性和政治价值理念，规定了党的性质、指导思想、宗旨、奋斗目标与施政纲领等内容，这代表了全党的根本利益，集中了全党的意志、信念和愿望。党章总纲是党章条文前的总则，统领着党章的条文，是整个党章的灵魂。总纲具有特殊重要的地位和作用，因而历次党章修改中总纲修改都是重点，内容上经常会有较大的修改、调整和充实。十九大修改后的党章总纲部分8000余字，相较于之前的党章修改了58处，超过党章共作出107处修改的一半，在内容上充分体现党的十八大以来以习近平同志为核心的党中央提出的一系列重大战略思想，在重大问题表述上更为准确科学，在结构上更为严谨完善。党章总纲既简明扼要，同时内涵丰富，可从五个部分去理解和把握其内容。

第一部分，总纲第一自然段规定了党的性质、最高理想和最终目标。任何政党都是以一定的阶级为基础，具有鲜明的阶级性。中国共产党从成立之日起，在一大通过的《中国共产党第一个纲领》中就确定党的名称是中国共产党；党的性质是无产阶级政党。在长期的革命、建设和改革中，我们党始终坚持中国工人阶级先锋队的性质，同时随着形势和任务的变化，随着实践经验不断地丰富和自身理论不断地提高，党章中党的性质的表述为“两个先锋队”，既是中国工人阶级的先锋队，同时是中国人民和中华民族的先锋队。

第二部分，总纲第二至第九自然段规定了党的指导思想，阐明了我们党对马克思列宁主义的认识和态度并规定了中国特色社会主义的相关

内容。党的指导思想在党章中又称作党的行动指南，是指导我们党全部活动的理论体系。马克思主义建党学说强调科学的指导思想对于无产阶级政党的巨大作用，中国共产党从其诞生之日起就始终以先进的科学的理论作为自己的指导思想，同时又在革命、建设和改革进程中不断从实际出发进行理论创新。我们党的指导思想是一个由各个阶段实践形成的指导思想构成的，既一脉相承、又不断与时俱进的思想理论体系。1921年中共一大将“马克思列宁主义”作为党的指导思想；1945年中共七大将“毛泽东思想”确立为党的指导思想并写进党章；1997年中共十五大将“邓小平理论”确立为党的指导思想并写进党章；2002年中共十六大将“三个代表”重要思想确立为党的指导思想并写进党章；2007年中共十七大将“科学发展观”写进党章；2012年中共十八大将“科学发展观”确立为党的指导思想；2017年中共十九大将“习近平新时代中国特色社会主义思想”确定为党的指导思想并写入党章。党章中分段阐述了马列主义、毛泽东思想、邓小平理论、“三个代表”重要思想、科学发展观和习近平新时代中国特色社会思想的科学内涵和历史地位，并对改革开放以来我们取得一切成绩和进步的根本原因作出总结。

把习近平新时代中国特色社会主义思想写入党章，确立为我们党的指导思想，体现全党意志，顺应了新时代要求，深合党心民心，具有重大而深远的意义，也是这次最主要、最重大的历史贡献。在这次党章修改征求意见过程中，各地区各部门一致建议，对习近平同志系列重要讲话和治国理政新理念新思想新战略进行提炼概括，上升为党的指导思想。党章修正案采纳了这项建议，并在党章修正案总纲第七自然段后增写了一个自然段，表述为：十八大以来，以习近平同志为主要代表的中国共产党人，顺应时代发展，从理论和实践结合上系统回答了新时代坚持和发展什么样的中国特色社会主义、怎样坚持和发展中国特色社会主义这个重大时代课题，创立了习近平新时代中国特色社会主义思想。习近平新时代中国特色社会主义思想是对马克思列宁主义、毛泽东思想、邓小平理论、“三个代表”重要思想、科学发展观的继承和发展，是马克思主义中国化最新成果，是党和人民实践经验和集体智慧的结晶，是中国特色社会主义理论体系的重要组成部分，是全党全国人民为实现中华民族伟大复兴而奋斗的行动指南，必须长期坚持并不断发展。在习近平新时代中国特色社会主义思想指导下，中国共产党领导全国各族人民，统揽伟大斗争、伟大工程、伟大事业、伟大梦想，推动中国特色社会主义进入了新时代。

将习近平新时代中国特色社会主义思想确立为党的指导思想，写入党章，是中国特色社会主义进入新时代的必然要求，是符合党心民意的重大决策，有助于把思想理论的科学性和组织制度的权威性结合起来，有助于全党以高度的理论自觉和政治自觉坚持习近平新时代中国特色社会主义思想，有助于全党把思想和行动统一到习近平新时代中国特色社会主义思想上来，对以习近平新时代中国特色社会主义思想指导中国社会主义现代化建设和党的建设新的伟大工程，必将产生重大而深远的影响。

在党章修正案第九自然段对总纲原第八自然段改革开放以来取得一切成绩和进步的根本原因作了充实，将发展了中国特色社会主义文化，同开辟了中国特色社会主义道路、形成了中国特色社会主义理论体系、确立了中国特色社会主义制度一道写入党章。并且，在高举中国特色社会主义伟大旗帜后增写坚定道路自信、理论自信、制度自信、文化自信，贯彻党的基本理论、基本路线、基本方略的内容；在三大历史任务后增写实现“两个一百年”奋斗目标、实现中华民族伟大复兴的中国梦的内容。作这样的充实，有利于全党全面把握中国特色社会主义内涵，增强坚持和发展中国特色社会主义的政治定力，为实现党和国家的宏伟目标提供强大的精神支撑。

第三部分，总纲第十至第二十三自然段规定了党在现阶段的奋斗目标和基本路线、任务和政策。在深入分析我国社会矛盾已经转化的基础上，重申我国正处于并将长期处于社会主义初级阶段的基本国情，阐明了党的基本路线的科学内涵和基本要求，明确了全面推进经济建设、政治建设、文化建设、社会建设、生态文明建设五位一体的中国特色社会主义的总体布局的新要求以及党关于新形势下国防和军队建设、党的民族工作和宗教工作、党的统一战线工作和党的外交政策。

党的十九大报告作出我国社会主要矛盾已经转化为人民日益增长的美好生活需要和不平衡不充分的发展之间的矛盾这一重大政治论断。与之相适应，党章修正案在总纲原第九自然段作了相应修改。这一自然段还增写了必须坚持以人民为中心的发展思想，坚持创新、协调、绿色、开放、共享的发展理念的内容；将必须按照中国特色社会主义事业总体布局修改为必须按照中国特色社会主义事业“五位一体”总体布局和“四个全面”战略布局，并增写协调推进全面建成小康社会、全面深化改革、全面依法治国、全面从严治党的内容。同时，将新世纪新时代经济和社会发展目标调整表述为：到建党一百年时，全面建成小康社会；到新中国成立一百年时，全面建成社会主义现代化强国。作这些修改，有利于推动全党把思想和行动统一到党中央的科学判断和战略部署上来，树立和践行新发展理念，自觉为实现“两个一百年”奋斗目标不懈努力。

党的基本路线是党和国家的生命线、人民的幸福线，既要长期坚持不动摇，又要与时俱进深化认识。党章修正案中一是将总纲原第十自然段最后一句调整表述为：为把我国建设成为富强民主文明和谐美丽的社会主义现代化强国而奋斗，对应生态文明建设增加“美丽”的要求，并按照“两个一百年”的奋斗目标把“国家”改为“强国”。二是把握我国发展阶段性特征，在总纲原第十一自然段中增写实施创新驱动发展战略、乡村振兴战略、区域协调发展战略、军民融合发展战略，充分发挥创新作为引领发展第一动力的作用等内容。同时，将又好又快发展修改为更高质量、更有效率、更加公平、更可持续发展。作这些修改，体现了我们党对现阶段中国经济发展趋势和特征的准确把握，有利于推动经济社会持续健康发展。三是在总纲原第十三自然段中增写要全面深化改革，完善和发展中国特色社会主义制度，推进国家治理体系和治理能力现代化，更加注重改革的系统性、整体性、协同性等内容。作这些增写，有利于增强全党全面深化改革的政治定力，不断巩固和拓展改革成果。

在习近平新时代中国特色社会主义思想指导下，根据新的实践，把党的十八大以在经济建设、政治建设、文化建设、社会建设、生态文明建设方面所提出的许多新理念新思想新战略写入党章修正案，对总纲原第十四至第十八自然段进行了充实和完善。在经济建设方面，党章修正案在总纲原第十四自然段中，将发挥市场在资源配置中的基础性作用修改为发挥市场在资源配置中的决定性作用，更好发挥政府作用，并增写推进供给侧结构性改革，建设世界科技强国等内容。在政治建设方面，党章修正案将总纲原第十五自然段中的健全社会主义法制修改为建设中国特色社会主义法治体系，并增写推进协商民主广泛、多层、制度化发展的内容。在文化建设方面，党章修正案在总纲原第十六自然段中，将弘扬民族优秀传统文化，繁荣和发展社会主义文化修改为推动中华优秀传统文化创造性转化、创新性发展，继承革命文化，发展社会主义先进文化，提高国家文化软实力；增写培育和践行社会主义核心价值观，牢牢掌握意识形态工作领导权，不断巩固马克思主义在意识形态领域的指导地位，巩固全党全国人民团结奋斗的共同思想基础等内容。在社会建设方面，党章修正案在总纲原第十七自然段中，将加强和创新社会管理修改为加强和创新社会治理；增写不断增强人民群众获得感，坚持总体国家安全观，坚决维护国家主权、安全、发展利益等内容。在生态文明建设方面，党章修正案吸收习近平同志关于推进生态文明建设的重要思想观点，在总纲原第十八自然段中，增写增强绿水青山就是金山银山的意识，实行最严格的生态环境保护制度等内容。

总纲第二十至第二十三自然段规定了党对军队的领导、党的民族政策和宗教工作基本方针、党的统一战线、党的外交政策等重大主张。这部分根据党的十八大以来，习近平同志在相关方面所提出的一系列重要的新思想、新观点、新论断、新要求作出了相应的调整和充实。一是在总纲原第十九自然中的将中国共产党坚持对人民解放军和其他人民武装力量的领导，“领导”修改为“绝对领导”；增写贯彻习近平强军思想，坚持政治建军、改革强军、科技兴军、依法治军，建设一支听党指挥、能打胜仗、作风优良的人民军队，切实保证人民解放军有效履行新时代军队使命任务的内容。二是在总纲原第二十自然段增写铸牢中华民族共同体意识的内容。三是在总纲原第二十一自然段将致力于中华民族伟大复兴的爱国者纳入爱国统一战线的范畴。四是在总纲原第二十二自然段增写坚持正确义利观，推动构建人类命运共同体，遵循共商共建共享原则，推进“一带一路”建设等内容。

第四部分，总纲第二十四至第二十九自然段规定了党的建设的基本要求。党的十八大以来，习近平同志从党的建设面临的挑战出发，发表了一系列重要讲话，提出了党的建设的许多新思想、新观点、新论断、新要求。习近平同志关于党的建设的重要论述进一步明确了加强党的建设的关键和重点，为进一步推进党的建设新的伟大工程指明了方向。党章修正案吸收习近平同志全面从严治党思想，认真总结全面从严治党的新鲜经验和党的十八大以来党的建设实践创新成果，准确把握党的建设发展的客观规律，提出新时代党的建设的总体要求。

一是明确提出坚持党要管党、全面从严治党这一党的建设指导方针，将加强党的执政能力建设、先进性和纯洁性建设修改为加强党的长期执政能力建设、先进性和纯洁性建设。二是根据党的十九大报告的表述，把政治建设、纪律建设纳入党的建设总体布局，并且凸显了党的政治建设在党的建设中的统领地位。同时，增写不断增强自我净化、自我完善、自我革新、自我提高能力的内容。三是在党的建设基本要求第一项坚持党的基本路线中，增写用习近平新时代中国特色社会主义思想统一思想、统一行动的内容；将选拔使用在改革开放和社会主义现代化建设中政绩突出、群众信任的干部修改为培养选拔党和人民需要的好干部；将党的基本理论、基本路线、基本纲领、基本经验修改为党的基本理论、基本路线、基本方略，删去全面执行党在社会主义初级阶段的基本纲领的内容。四是在党的建设基本要求第四项坚持民主集中制中，增写牢固树立政治意识、大局意识、核心意识、看齐意识，坚定维护以习近平同志为核心的党中央权威和集中统一领导，加强和规范党内政治生活，增强党内政治生活的政治性、时代性、原则性、战斗性，发展积极健康的党内政治文化，营造风清气正的良好政治生态等内容。五是增写坚持从严管党治党的基本要求，将党的建设的基本要求从四项扩展为五项。作这样的修改，进一步明确了党的建设指导方针，使党的建设目标更加清晰、布局更加完善、要求更加全面，有利于统一全党思想和行动、凝聚全党智慧和力量、调动全党积极性，使我们党不断强化自身建设、不断提高党的建设质量、更好地肩负历史使命。

第五部分，总纲第三十自然段规定了党的领导。坚持中国共产党的领导是历史的选择。中国共产党领导中国人民进行新民主主义革命，实现民族独立和人民解放，建立新中国和进行社会主义建设，坚持改革开放，建设中国特色的社会主义，为实现“两个一百年”的奋斗目标和中华民族的伟大复兴而不懈奋斗。党章修正案将总纲原第二十八自然段第一句修改为：中国共产党的领导是中国特色社会主义最本质的特征，是中国特色社会主义制度的最大优势。党政军民学，东西南北中，党是领导一切的。作这样的修改，更加明确了党在中国特色社会主义各项事业中的领导地位，有利于强化党的领导，确保党的事业始终沿着正确方向前进。在党必须在宪法和法律的范围内活动，党必须保证国家的立法、司法、行政、监察机关，经济、文化组织和人民团体积极主动地、独立负责地、协调一致地工作中，增加了监察机关的规定，这是贯彻党中央决策部署，适应国家监察体制改革推进的体现。在党必须加强对群团组织的领导中，增写了使它们保持和增强政治性、先进性、群众性的内容，这是“三性”的要求抓住了群团组织的本质属性，确立群团组织的基本定位，为做好群团工作指明了方向。

二、现行党章组织章程部分的主要内容和重要修改

现行党章第二部分是具体条文，内容包括党员和党组织的行为准则、党的组织原则和组织结构体系，共11章55条。总结吸收十八大以来党的建设成功经验，并与总纲部分的修改相衔接，党章修正案对条文部分作了49处修改，其中增加了第十四条巡视制度和第三十四条党支部的地位和作用。部分条文的修改是直接与总纲部分的修改相适应而作出调整和充实，比如将习近平新时代中国特色社会主义思想确立为党的行动指南，在第三条中党员必须履行的义务（一）中增加了认真学习习近平新时代中国特色社会主义思想；在党的基层组织基本任务（二）中增加了组织

党员认真学习习近平新时代中国特色社会主义思想；在党的各级领导干部必须具备的基本条件（一）中增加了带头贯彻落实习近平新时代中国特色社会主义思想。更多的党章条文的修改都是总结吸收党的十八大以来党的工作和党的建设的成功经验，充分体现坚持和加强党的领导、全面从严治党的丰硕实践和理论成果。

党章组织章程每一章都是一部分独立的内容，在这次修改中除了最后一章外，每一章都作了或多或少的调整，可以分成六个部分去理解和把握其内容和重要修改。

第一部分是对党的“细胞”和党的“关键少数”的规定，包括第一章和第六章，分别规定了党员和党的干部。第一章规定党员，明确了申请入党的基本条件、党员条件、党员义务、党员权利、发展党员程序、党员组织生活等。这是因为党员是党的肌体的细胞和党的活动主体，党员队伍建设是党的建设基础工程。马克思主义的无产阶级政党十分重视党员队伍的建设，党员个体先进、纯洁、有活力，党员队伍规模适度、结构合理、素质优良、纪律严明、作用突出，才能夯实党执政的组织基础，为全面建成小康社会、夺取新时代中国特色社会主义伟大胜利提供坚强的组织保证。

根据新时代新要求，十九大的党章修正案对党员义务进行了完善，增写认真学习习近平新时代中国特色社会主义思想，自觉遵守党的政治纪律和政治规矩，勇于揭露和纠正违反党的原则的言行，带头实践社会主义核心价值观，弘扬中华民族传统美德等内容。党章修正案第五条强调发展党员必须把政治标准放在首位，从源头上保证了党员队伍质量。

第六章规定党的干部，党的干部既是党员中的普通一员，又是党的事业的组织者、推动者和落实者，是党员队伍中的“关键少数”。本章在第一章规定基础上对党的干部这个党内“关键少数”作出特别规定，规定了干部在模范地履行党员的各项义务前提上必须具备基本条件，并为干部工作制定规范。

在这一部分，党章修正案主要充实了干部选拔和领导干部条件等内容。与总纲关于党的指导思想表述的修改相衔接，将原第三十四条第一项修改为：具有履行职责所需要的马克思列宁主义、毛泽东思想、邓小平理论、“三个代表”重要思想、科学发展观的水平，带头贯彻落实习近平新时代中国特色社会主义思想，努力用马克思主义的立场、观点、方法分析和解决实际问题，坚持讲学习、讲政治、讲正气，经得起各种风浪的考验。同时，将要做到忠诚干净担当，坚持事业为上、公道正派，党的各级领导干部必须信念坚定、为民服务、勤政务实、敢于担当、清正廉洁，反对形式主义、官僚主义、享乐主义和奢靡之风等内容写入相关条款。

第二部分是第二章规定党的组织制度，规定民主集中制是我们党的根本组织制度和领导制度，确定了民主集中制的六项基本原则，并规定了党的代表大会制度这个基本组织制度和巡视制度等一些具体制度。“……章程的精神实质就是彻底实行民主集中制的原则。”[①] 本章所规定的党的组织制度大部分因其科学性和严谨性没有调整，其中的变化主要是把巡视制度单列为一条。党的十六大提出建立和完善巡视制度，党的十七大把巡视制度写入党章，十八大期间以习近平同志为核心的党中央高度重视巡视工作，把巡视工作摆在更加重要的位置，在一届任期内实现了巡视的全覆盖，发挥了巡视制度党内监督利器的重要作用。总结五年来巡视工作的探索和实践经验，在党的组织制度一章，将原第十三条第四款巡视制度单独列为第十四条，增写实现巡视全覆盖，开展中央单位巡视、市县巡察等内容。这是有利于落实党内监督的战略性制度安排，为推动巡视工作向纵深发展提供制度保障。

第三部分是党的组织的规定，第三章、第四章、第五章和第九章分别规定了党的中央组织、党的地方组织、党的基层组织和党组。这四章既涵盖了不同党的组织机构产生、职权和基本工作规则的规定，同时也体现了处理党的组织机构之间相互关系的原则。党的十八大以来，党的组织建设的体制机制不断健全，取得许多重要的实践成果和制度成果。党章修正案吸收这些成果，对党的中央组织、党的地方组织、党的基层组织、党组部分条文进行了充实和完善。

---

① 《列宁全集》第15卷，北京：人民出版社，1988年版，第283页。

第三章规定了党的中央组织各机构的产生、职权和基本工作规则等。在党的中央组织一章，将原第十九条党的全国代表大会的职权第二项听取和审查中央纪律检查委员会的报告修改为审查中央纪律检查委员会的报告。在原第二十二条第五款中，增写中央军事委员会实行主席负责制的内容，把这一领导体制在党章中确立下来，有利于把党对军队的绝对领导落到实处。为进一步推动落实中央军委管党治党责任，加强军队中党的作用和政治工作，将原第二十三条第二、第三句修改为中央军事委员会负责军队中党的工作和政治工作，对军队中党的组织体制和机构作出规定。

第四章规定了党的地方组织的设立、机构、产生、职权和基本工作规则等。在党的地方组织一章，将原第二十五条党的地方各级代表大会的职权第二项听取和审查同级纪律检查委员会的报告修改为审查同级纪律检查委员会的报告。

第五章规定了党的基层组织的设立、机构、产生、职权和基本工作规则等。党的基层组织是党全部工作和战斗力的基础。在党的基层组织一章，回应基层呼声，着眼于增强基层党组织领导班子稳定性和工作连续性，加强组织管理、严肃党内政治生活，原第三十条中总支部委员会、支部委员会每届任期两年或三年调整为每届任期三年至五年。适应党的指导思想的与时俱进，充实党的基层组织的基本任务，将认真学习习近平新时代中国特色社会主义思想、推进“两学一做”学习教育常态化制度化、坚定理想信念等内容写入相关条款。针对一些基层单位党的领导弱化、党的建设缺失、全面从严治党不力，第三十三条中针对不同基层主体的党组织的定位与作用发挥作出多处修改。基层治理是国家治理体系的重要组成部分。党章将领导“基层社会治理”纳入街道、乡、镇党的基层委员会和村、社区党组织的职责中。总结十八大以来国有企业坚持和加强党的领导、不断深化改革的实践，根据习近平同志在全国国有企业党的建设工作会议上的重要讲话精神，明确了国有企业党组织地位和作用，将原第三十二条第二款第一句修改表述为：国有企业党委（党组）发挥领导作用，把方向、管大局、保落实，依照规定讨论和决定企业重大事项。十八大以来，社会组织党建工作的力度不断加大，为进一步提高社会组织中党建工作的制度化、规范化和科学化水平，增写一款规定社会组织中党的基层组织功能定位和职责任务的内容。突出基层党组织的领导作用，明确功能，将实行行政领导人负责制的事业单位中党的基层组织发挥“政治核心”作用改为发挥“战斗堡垒”作用。增写一条规定党支部地位和作用的内容，表述为：党支部是党的基础组织，担负直接教育党员、管理党员、监督党员和组织群众、宣传群众、凝聚群众、服务群众的职责。习近平同志指出，要大力加强党支部建设，让支部在基层工作中唱主角，发挥主体作用，使支部成为团结群众的核心、教育党员的学校、攻坚克难的碉堡。增写这一条，对于加强党支部建设、促进党支部正确履职、充分发挥党支部战斗堡垒作用具有重要意义。

第九章规定了党组的设置、产生和基本职权等。针对过去党章对党组任务的规定不够明确、不够具体、不够全面的问题，根据党组工作的实践需要和党中央关于落实管党治党主体责任的要求，在第九章原第四十六条中明确党组履行全面从严治党责任、领导机关和直属单位党组织的工作，并赋予其发展党员和处分党员等职责权限。

第四部分主要规定了纪律建设的相关内容，包括第七章党的纪律和第八章党的纪律检查机关。党章修正案吸收近几年党的纪律建设和纪检体制改革的新成果，对党的纪律、党的纪律检查机关两章进行了调整和充实。在党的纪律一章规定了党的纪律处分的原则、种类、程序等。党的纪律是党内“硬规矩”，是党内各个组织、各个成员必须一体遵循的行为规范，贯彻落实党的路线方针政策、维护党的团结统一、保持党的纯洁性等，均离不开党的纪律加以保证。在党的纪律一章原第三十八条第一款之前增写一款，明确党的纪律主要包括政治纪律、组织纪律、廉洁纪律、群众纪律、工作纪律、生活纪律。同时，将原第三十八条第一、第二款合并充实后作为第二款，表述为：坚持惩前毖后、治病救人，执纪必严、违纪必究，抓早抓小、防微杜渐，按照错误性质和情节轻重，给以批评教育直至纪律处分。运用监督执纪“四种形态”，让“红红脸、出出汗”成为常态，党纪处分、组织调整成为管党治党的重要手段，严重违纪、严重触犯刑律的党员必须开除党籍。党的十八大以来，各级党委、纪委把纪律挺在前面，坚持纪法分开、纪严于法，强化日常管理监督，发现问题及时处理，体现了严管与厚爱相结合，切断违纪到违法的通道，就不至于放任其错误行为由一种质态向另一种质态转变，对做好新形势下全面从严治党工作具有重要意义。这次修改党章，在原第四十条中补充给予中央和地方各级党委委员、候补委员党纪轻处分的程序规定。充实这些内容，规范了给予党纪轻处分的权限，填补了纪律处分程序的空白。

第八章规定了党的纪律检查机关的设置、产生、职权和基本工作规则等。在党的纪律检查机关一章，总结五年来管党治党的实践经验，顺应全面从严治党要求，重点完善了纪检机关双重领导体制、全面派驻机制的内容；进一步明确纪检机关的职责定位，将党的各级纪律检查委员会是党内监督专责机关，协助党的委员会推进全面从严治党，职责是监督、执纪、问责等内容写入相关条款；完善各级纪委对同级党委委员进行执纪审查的程序规定。

第五部分是第十章对党和其“助手”关系的规定。在党章修正案中，将中国共产主义青年团是中国共产党领导的先进青年的群众组织的界定改为群团组织，更加鲜明指出共产主义青年团的性质。在本章中，明确了中国共产主义青年团是广大青年在实践中学习中国特色社会主义和共产主义的学校，是党的助手和后备军。

第六部分是第十一章对党徽党旗的规定。党徽和党旗是党的象征和标志，这一章对党徽党旗及其制作、使用等作出规定，有利于维护党徽党旗的严肃性、权威性，对于发挥党徽党旗的感召力，增强党员的光荣感、使命感，增强党的凝聚力和影响力起到重要的作用。

第三节　全面学习党章，认真贯彻党章

习近平同志在十八届中央纪委第六次全会上的讲话中强调：“全面从严治党首先要尊崇党章。”十八大后，党章的学习不断制度化、规范化，党章的权威性、严肃性和执行力不断增强。在党的十八大通过党章修正

案之后，习近平同志即发表理论文章《认真学习党章　严格遵守党章》，号召全党认真学习党章。在这篇文章中，习近平同志要求各级领导干部要把学习党章作为必修课，走上新的领导岗位的同志要把学习党章作为第一课，带头遵守党章各项规定。全党同志要把检查学习和遵守党章情况作为组织生活会、民主生活会的重要内容。通过学习教育，使全党同志对党章内化于心、外化于行。2016年2月，中共中央办公厅印发《关于在全体党员中开展“学党章党规、学系列讲话、做合格共产党员”学习教育方案》(简称“两学一做”学习教育)，明确强调学习党章要逐条逐句地通读党章，全面理解党的纲领，牢记入党誓词，牢记党的宗旨，牢记党员义务和权利，引导党员尊崇党章、遵守党章、维护党章，坚定理想信念，对党绝对忠诚。2017年3月，中共中央办公厅印发《关于推进“两学一做”学习教育常态化制度化的意见》，要求坚持党章学习的全覆盖、常态化、重创新、求实效，坚持学做结合，取得了显著成效。2017年10月，十九届中共中央政治局会议强调，学习宣传贯彻党的十九大精神是当前和今后一段时期全党全国的首要政治任务。要把全党全国各族人民思想统一到党的十九大精神上来，把力量凝聚到实现党的十九大确定的各项任务上来。要引导广大干部群众认真研读党的十九大报告和党章，准确领会把握党的十九大精神的思想精髓、核心要义，原原本本、原汁原味学习好党的十九大精神。

一、全面学习党章

牢固树立党章意识，要求全面学习党章，严格遵守党章。党章意识是每个党员都应具有的一种自觉意识，是建立在对党章的科学理解和自觉践行基础上的一种意识，是对党章的感知、认同、遵从及理解的综合表现。有无党章意识和党章意识的强弱、好差，取决于学习遵守党章的实际状况和结果。[①] 习近平同志指出，要联系党的历史和今天党所处的历史方位、

① 叶笃初:《打牢党章意识这个根基》,《求是》，2013年第18期。

承担的历史使命的实际，联系党的理论发展和今天坚定理想信念的实际，联系党的基本路线和今天做好各项工作的实际，联系党的性质宗旨和今天更好为人民服务的实际，联系党员义务权利和今天发挥好党员先锋模范作用的实际，联系党的纪律规矩和今天解决好党内存在的突出问题的实际，深入思考党章对党组织和党员、干部的要求是哪些、怎样身体力行，深入思考对照党章自己哪些没做到、应该如何提高，深入思考全面从严治党还有哪些环节需要加强、哪些制度需要完善。要通过这样的学习，把党章融会贯通，做到学而懂、学而信、学而用。

（一）学习党章，要把十九大新修订的党章内容作为学习的重点

学党章要把十九大新修订的党章内容作为学习的重点，深刻领会修改内容的精神实质，实现全党政治、思想、组织上的统一和行动的高度一致。党章的学习要按照中央的要求需要突出重点，重点掌握这次党章修改内容，有助于增强贯彻落实十九大党章的针对性和实效性。十九大通过的党章修正案是党的十九大精神的重要组成部分，全面掌握十九精神必须学深学透党章，深刻领会习近平新时代中国特色社会主义思想的历史地位和丰富内涵，深入理解中国特色社会主义进入了新时代这一重大政治判断的深刻内涵，深入学习党的十八大以来党的理论创新、实践创新、制度创新成果，深入学习党的十九大报告确立的重大理论观点和重大战略思想，进一步把思想和行动统一到党的十九大精神上来。

（二）学习党章，要和学习党史结合起来

学党章要和学习党史结合起来，深入理解和掌握党章规定变化的历史背景和现实意义。无产阶级政党是一个具有严密组织的政党，历来十分重视党章建设，并适时根据理论和实践的发展修改和完善自己的章程。马克思恩格斯在创建共产主义者同盟时就提出必须根据形势的变化，适时地修改党章和党内法规。党章有一个不断修改的过程，党章修改的历史就是党的基本主张、路线、方针、政策演变的历史，这些是特定历史条件下我们党的具体任务、党的建设状况、对党建规律认识水平的反映。学习党史、学习党章的修改演进历史，能比较全面和丰富地明了我们党领导革命、建设和改革的基本经验，从而深化对党的基本理论、基本纲领的理解，更加准确认识各项制度规定的历史沿革及其深刻内涵，提高增强党性的自觉性。党章本身就是“变与不变”的辩证统一，虽然在学习中必须以十九大对党章修改的内容为重点，但同时还要学习党章此次并未修改的内容。不修改的内容不意味着不重要，而是这些内容相对成熟，例如体现了马克思主义政党本质特征和基本原则的党的根本性质、根本宗旨、最终目标、组织原则等，我们党在革命建设改革的长期实践中所形成的基本路线、基本原则、基本经验，我们党的优良传统和工作惯例等。这些都是已经被过去的实践所检验证明，对今后的工作仍能长期起指导作用的相对稳定的部分，需要结合新形势新要求继续深入学习理解。

（三）学习党章，要全面学习和掌握党章总纲和条文的内容

党章是一个体系，要全面准确理解总纲和党章条文的规定，要全面学习和理解总纲与条文中新修改和未改动的所有内容。尤其要全面掌握党的性质、宗旨、指导思想、奋斗纲领和重大方针政策、党员义务和权利、党的制度和各级党组织的行为规范、党的各级领导干部的基本条件、党的纪律的要求内容，同时进一步认真研究党章各项规定和提法的理论依据及其在党的建设中的重要作用，明白各项规定和条文的相互关系，以便于更加完整、准确地掌握党的建设的科学体系。

（四）学习党章，要和学习其他党内法规结合在一起

学党章要和学习其他党内法规结合在一起，尤其是和学习《中国共产党廉洁自律准则》《中国共产党纪律处分条例》《中国共产党问责条例》《关于新形势下党内政治生活的若干准则》《中国共产党党内监督条例》等这些党的十八大后制定和修改的重要党内法规结合起来。一方面，其他党内法规是党章的具体化，学习它们有助于深入理解党章的要求。学习和贯彻党内法规就是树立党章意识，维护党章权威。正如习近平同志在在十八届中央政治局常委会第一百一十九次会议关于审议中国共产党廉政准则、党纪处分条例修订稿时的讲话中所强调的：“这次对两项法规的修订，全面梳理了党章对党员、干部的纪律要求和廉洁自律要求，是对党章规定的具体化。我们执行这两项法规，既树立高尚的道德情操，又严明党的纪律戒尺，这就是把党章权威树起来、立起来。”另一方面，党内法规只是党章部分内容的具体化，只规定党的建设部分内容，一定要把具体党内法规置于党章体系中才能对它进行全面的理解。

（五）学习党章，要和学习党内重要文件结合在一起

学党章要和学习党内重要文件结合在一起，和学习党的十九大精神、十八届及十九届历次全会精神紧密结合在一起，与时俱进地实现对党章内容全面深入理解。党章具有高度原则性与概括性，语言精练，不可能事无巨细地对每个规定、每处修改内容进行理论阐述，必须结合党内重要文件，准确把握十八大以来党中央治国理政新理念新思想新战略的科学内涵，才能完整全面加深对党章的学习。

（六）学习党章，要和自身实际结合在一起

学党章还要紧密联系党员、干部的思想、工作、政治生活等实际。学习党章，要以做合格共产党员、发挥好党员先锋模范作用为落脚点，增强学习的针对性和实效性，提升尊崇党章的自觉性和坚定性。领导干部还要联系本地区本部门工作突出问题，党的自身建设的薄弱环节，找准差距、剖析根源，保持理论清醒、增强政治定力、拓展思维视野，把党章所体现的各项要求更好地创造性地落实到实践行动上、落实到各项事业中。

学习党章是一个动态的、历史的、发展的过程，不是一劳永逸的，要边学习、边思考、边实践，才能真正掌握党章的科学体系和精神实质，真正树立党章意识，做到自觉用党章规范自己的一言一行，达到学以立德、学以增智、学以笃行的效果，进而成为学习和遵守党章的模范。

二、贯彻落实党章

制定和修改党章的目的，不仅要明确规定全体党员和各级党组织的行为规范和根本准则，而且要通过严格执行党章的各项规定以体现党章的价值和作用。如果党章得不到执行，就会变成一纸空文，失去了党章存在的价值和作用。党的历史上曾经出现过这样的情况，比如刘少奇分析八大党章未落实到位的问题时就指出：“近年来，在党内生活中发生了许多不正常现象，这并不是由于我们党内无章可循，无法可守，也不是由于党所制定的章程、制度不正确，而是这些章程、制度在一些党组织中，没有被执行，或者被歪曲了，被破坏了。”① 而十二大党章之所以能成为之后党章的坚实基础，不仅在于制定的科学，而且在于执行的坚决。党的十二大特别指出：“制定新党章还是比较容易的，严格地将它在全党贯彻执行就不是那么容易了。我们必须进行严肃认真的思想教育工作和组织工作，坚决按照党章的要求在全党整顿党的作风和党的组织，并且同一切违反党章的言论和行动作斗争。”② 习近平同志也多次强调这一问题，他指出法规制度的生命力在于执行。贯彻执行法规制度，关键在真抓，靠的是严管。因此历次党章修订后，我们党都高度重视党章的贯彻执行，通过开展严肃认真的学习教育和组织工作，保证全党同志自觉按党章要求增强党性修养，以提高党的执政能力，保持党的先进性和纯洁性。

（一）学习执行党章，奠定思想道德基础

党章系统阐述了党的基本知识，明确规定了党员标准、义务和权利以及领导干部的基本条件，明确规定了党的制度和各级党组织的行为规范，明确规定了党的各项纪律，为广大党员进行自我教育、增强党的意识提供了基本教材。学习和执行好党章，全党要牢固树立党章意识，真正把党章作为加强党性修养的根本标准。“每一个共产党员特别是领导干部都要牢固树立党章意识，自觉用党章规范自己的一言一行，在任何情况下都要做到政治信仰不变、政治立场不移、政治方向不偏。不论担任何种职务、从事何种工作，首先要明白自己是一名在党旗下宣过誓的共产党员，要用入党誓词约束自己。”③ 通过学习教育，使全党同志对党章内化于心、外化于行，自觉遵守以党章为核心的党内规章制度，共同维护党章的权威性和严肃性。

首先，要坚定理想信念，忠诚于党和人民。共产主义远大理想和中国特色社会主义共同理想，是中国共产党人的精神支柱和政治灵魂，也

---

① 刘少奇：《论党的建设》，北京：中央文献出版社，1981年版，第709页。
② 《中国共产党第十二次全国代表大会文件汇编》，北京：人民出版社，1982年版，第167页。
③ 《十八大以来重要文献选编》（上），北京：中央文献出版社，2014年版，第132–133页。

是保持党的团结统一的思想基础。通过学习马克思列宁主义、毛泽东思想、中国特色社会主义理论体系特别是习近平新时代中国特色社会主义思想，统一全党的思想认识，坚守共产党人精神追求，坚守共产党人的政治灵魂。坚定对马克思主义的信仰，坚定共产主义远大理想和中国特色社会主义共同理想，是共产党人的力量之源、定力之基。理想信念的要求并不是空洞的、口号式的、虚无缥缈的，正如习近平同志所指出的："衡量一名共产党员、一名领导干部是否具有共产主义远大理想，是有客观标准的，那就要看他能否坚持全心全意为人民服务的根本宗旨，能否吃苦在前、享受在后，能否勤劳工作、廉洁奉公，能否为理想而奋不顾身去拼搏、去奋斗、去献出自己全部的精力乃至生命。"

其次，要增强道德修。党的十八大以来，习近平同志多次阐述党员干部特别是领导干部加强道德修养的重要性和紧迫性，要求全党同志特别是领导干部一定要讲修养、讲道德、讲廉耻，追求积极向上的生活情趣，养成共产党人的高风亮节，做到富贵不能淫、贫贱不能移、威武不能屈。通过学习党章，党员干部要在提高党性修养中，从点点滴滴做起，从小事小节做起，把住欲望关，净化朋友圈，要养成慎微、慎独和慎始慎终的意识，注重在实践中锻炼自己。

（二）学习执行党章，创造良好制度环境

全面推进依法治国和依规治党，要求各级党组织和全体党员特别是党员领导干部，必须受到党纪党规的刚性约束，必须模范遵守国家的法律法规。党章明确规定了各级党组织和全体党员必须遵守的各项要求尤其是纪律要求，提出"党组织必须严格执行和维护党的纪律，共产党员必须自觉接受党的纪律的约束"。党的十八大后，中央加强全面从严治党，特别强调各级党组织和全体党员必须自觉接受纪律和法律的约束，主动担负起加强纪律建设的责任。根据党章精神制定和修订的《关于党内政治生活的若干准则》《中国共产党廉洁自律准则》《中国共产党纪律处分条例》等党内法规制度，明确细化了党员和领导干部必须遵守的党的各项纪律规定以及对违反党的纪律行为的处分标准、方式及其程序。各级党委要加强监督检查，对不守纪律的行为要严肃处理。通过加强教育引导，认真查处违规违纪行为，使党员干部懂规矩、守规矩。

同时，由于现在党规党纪还存在不能及时更新以适应新形势、原则性强而操作性不足、现有制度衔接配套不足等问题，我们要持续推进制度创新，完善相关的党规党法，同国家法律相衔接，树明规矩、破潜规则，对各项纪律要求进一步细化实化硬化，为党要管党、从严治党提供制度保证，为党员干部衡量自己的行为是否符合纪律要求提供明确清晰的标准。通过突出政党纪律特点，把严肃政治纪律和政治规矩突出出来、具体化，重点加强党的政治纪律、组织纪律建设，使党章进一步具体，使党规党纪内容科学、程序严密、配套完备、运行有效，保证党员坚定理想信念、保持优良作风、坚守道德情操。

（三）学习执行党章，健全党内政治生活

针对当前党内生活中存在的不经常、不认真、不严肃等突出问题，我们要按照党章的规定和要求，正确地贯彻执行民主集中制原则，切实使党内生活走上规范化、程序化和制度化的轨道。党章规定的民主集中制原则既是党最基本的组织原则，也是最基本的组织纪律。要充分强调正确的集中，增强组织性和纪律性，党员干部必须带头自觉接受组织安排和纪律约束，自觉维护党章规定的制度权威性和严肃性；进一步发展党内民主，积极探索发展党内民主的有效途径和形式，健全党内议事和决策程序，认真贯彻党员权利保障条例，发挥各级党组织和广大党员的积极性和创造性。通过健全和认真落实民主集中制的各项具体制度，促使全党同志按照民主集中制办事，促使各级领导干部特别是主要领导干部带头执行民主集中制，让党的组织观念、组织程序、组织纪律能够按照从严治党的要求正常运转起来。

（四）学习执行党章，发挥领导干部以上率下作用

习近平同志强调："党员领导干部要做学习党章、遵守党章的模范。"习近平在省部级主要领导干部学习贯彻党的十八届六中全会精神专题研讨班开班式上的讲话进一步强调，领导干部特别是高级干部必须加强自律、慎独慎微，经常对照党章检查自己的言行，加强党性修养，陶冶道德情操，永葆共产党人政治本色。十八大以来全面从严治党中始终重视领导干部作为“关键少数”的重要作用，对干部层层提出更为严格的要求，因为我们国家要出问题主要出在共产党内，我们党要出问题主要出在关键少数即干部身上，这些关键少数群体在推进党和国家各项事业，管好班子、带好队伍方面起着关键作用。在严格的政治生活中，党员级别越高不仅没有特权，反而要更为严格地监督和要求。要求高级干部以身作则、以上率下，充分体现了加强从严治党必须从领导干部特别是高级干部做起，显示出“治国先治党、治党先治上、治上先治长”的实践导向。

在执行党章上，领导干部要以身作则、以上率下，模范遵守党章党规，严守党的政治纪律和政治规矩，执行民主集中制的各项规定，坚持党的群众路线，不断强化党性锻炼，增强政治意识、大局意识、核心意识、看齐意识，站稳政治立场，保持政治清醒，对党忠诚老实、表里如一，自觉同以习近平同志为核心的党中央保持高度一致。要严于律己，凡是党章规定党员必须做到的，领导干部首先要做到；凡是党章规定党员不能做的，领导干部要带头不做。要严格按照党章规定的党员领导干部必须具备的六项基本条件，提高自身素质和能力，经常检查和弥补自身不足。要增强党章意识和依规依法办事能力，始终坚持按制度办事、按规矩办事，任何时候都不越轨、不逾矩，把党章的各项规定作为加强党的领导、推动党的自身建设的根本依据，不断提高工作科学性、原则性和系统性。领导干部要敢于坚持原则，敢于同一切违反党章的言行作斗争，切实肩负起管党治党责任，管好自己的同时要管好分管部门单位、家人和身边工作人员等，加强对遵守党章、执行党章情况的督促检查，对党章意识不强、不按党章规定办事的要及时提醒，对严重违反党章规定的行为要坚决纠正，维护党章的权威性和严肃性。

第四章　党内法规的制定与执行

党内法规是依规治党的基础，不断完善党内法规体系才能夯实依规治党的根基，而要构建结构完善、规范到位、运行顺畅的党内法规体系，就需要不断推进党内法规制定工作的民主化、科学化、制度化。同时，党规制定后，徒法不足以自行。只有不断加强党内法规的执行力，才能使党内法规真正成为党组织和党员的行为准则，才能真正发挥制度治党的治本作用，切实提高党的科学执政、民主执政和依法执政水平，保障党要管党、全面从严治党的顺利实现。

第一节　党内法规制定的原则

党内法规的制定，是指有党内法规的制定权力或者被授权的党的机关在规定的职权范围内，依照程序通过规划、起草、审批与发布等专门性活动，将党的意志体现为党章、准则、条例、规定、规则、办法、细则的特定形式。党内法规的制定是一项十分严肃的工作，必须遵循明确科学的原则。党内法规制定的原则是党内法规制定工作中按照党的建设的原理和制度建设的规律，所明确的应当依据的基本规则与标准，反映了党内法规制定的指导思想，体现了党规制定的基本理念与方针。按照原则推进党内法规的制定工作，就能保证党内法规建设的正确方向，能使党内法规制定工作适应党的建设实践发展的内在要求，更好反映广大党员意志并从根本上保证党内法规建设的制度化、民主化和科学化。按照《中国共产党党内法规制定条例》第七条规定，制定党内法规应遵循下列原则。

一、从党的事业发展需要和党的建设实际出发

党的制度、党内法规作为一种上层建筑，都是党的客观存在的反映，而不是脱离实际的主观创造。任何党内法规都是一定历史阶段的产物，我们党在制度建设中的传统之一就是在领导革命、建设和改革的长期实践中，实事求是、自觉准确地反映党的领导和党的自身建设的要求、党内关系的现实和党的活动规律。党内法规建设是一个动态的发展过程，它必须随着时代条件及党内外环境的变化而与时俱进。刘少奇在《论党》中也曾指出："在我们党的一定基本组织原则下，依据新的环境和条件以及我们党内的新情况来修改党章，也是完全必要的。"同时他指出："党的组织形式与工作方法，是依据党所处的内外环境和党的政治任务来决定的，必须具有一定限度的灵活性。如果环境变更，工作条件改变，党提出了新的政治任务，那么，党的组织形式与工作方法，也必须有所改变，否则，旧的组织形式与工作方法，就要障碍我们党的工作内容的发展与政治任务的执行。"党内法规建设最终目标是为党的事业和党的建设服务的，因此，党内法规的制定必须以党的事业和党的建设的实际为立足点和出发点。

不同时期形势和任务不同，党所面临的问题和矛盾也不一样，在制定党内法规时，必须坚持不断发展论和发展阶段论相统一，聚焦现阶段的形势、任务和挑战，科学合理地规定党的组织和党员的权利义务，正确处理好党内各种关系，最大限度反映党的建设的实际与客观规律的要求。党内法规的制定要从党内的实际和党建现实需要出发，党内法规的具体实施要有一定的思想条件和现实基础。具体而言，就是要根据党在特定阶段的历史任务，从党内亟待解决的问题出发，客观分析党内各类关系调整和党员、党组织活动的规范的现实性、可能性与紧迫性，明确党内法规制定的顺序、规模、数量、速度，确定特定党内法规的制定的内容、篇幅和效力等级等等，从而保证党内法规的制定现实针对性与有

效性。党内法规的制定要有理想，要按照到建党100周年时，形成比较完善的党内法规制度体系的目标，全面加强党内法规制度体系建设，做到及时总结党内实践，抽象概括提炼为相应的制度安排，对形成共识、确有必要的党内法规要及时出台和修订，成熟一部出台一部，不能议而不决，错过最佳时机，确保党内法规的时效性；要从党内法规体系构建的角度出发，做到出台或修改的党规联系历史、把握当下，依据党章，与其他相关的重要党内法规和国法贯通起来，更好发挥制度体系的综合效应，实现制定目标。同时，党内法规的制定不能理想化，不能追求一蹴而就或者十全十美，要紧紧围绕现阶段的主要问题，有必要性而没有可行性就不能动；只是可行而现实中并不必要也先不要动。[①] 总之，党内法规建设要兼顾必要性和可行性，党内法规的出台时间不是越早越好，出台速度不是越快越好，内容不是越全越好，制度不是越严越好，标准也不是越高越好，对做不到的宁可先不写，以确保制度的严肃性和权威性。

二、以党章为依据，贯彻党的理论、路线、方针、政策

党章是党的意志的集中体现，对党的领导与建设各方面的工作作出科学明确的规定，是正确调整党内关系、形成党内正常秩序及维护党内生活健康发展的坚强保障。党章是我们党内的根本大法，是制定其他党内法规的基础和依据，其他党内法规的内容都是党章内容在特定范围、领域与层次的具体化。党章是党内法规体系的基础，也是党内法规体系建设与完善的根本依据，其他党内法规都必须以党章为依据，而不能与党章的规定和原则精神相违背。党章在党内具有最高的权威性和普遍有效的约束力，是党内法规制定工作赖以进行的最根本依据。

我们党是一个十分重视理论的党，始终坚持马克思主义毫不动摇，不断与时俱进发展马克思主义，并注重发挥理论在推动党的事业发展和党的各项建设中具有的重要的指导作用。党的十九大是在中国全面建成

---

① 《只要方向正确　迈出一步就是胜利》，《中国纪检监察报》2017年9月18日。

小康社会决胜阶段、中国特色社会主义进入新时代的关键时期召开的一次十分重要的大会。党的十九大最重大的理论成就，就是把习近平新时代中国特色社会主义思想写在党的旗帜上，确立为党必须长期坚持的指导思想，实现了党的指导思想又一次与时俱进。在当前特别要坚持用习近平新时代中国特色社会主义思想指导党的制度建设特别是党内法规建设，把习近平新时代中国特色社会主义思想的要求体现在各项党内法规中，并以党内法规保证全党深入学习贯彻习近平新时代中国特色社会主义思想。党的路线是党在政治上、思想上或工作上所遵循的一系列根本途径与基本准则，包括党在初级阶段的基本路线、党的思想路线、党的群众路线和党的干部路线等。路线决定方针政策，方针是路线在某一阶段或某一方面的指导原则，政策和决议是方针的具体化。坚持和贯彻党的路线、方针和政策，除了要加强对党员的教育之外，对增加党员干部贯彻坚定性起决定作用的是完备的制度和党内法规。党的路线、方针和政策是制定各项党内法规的政治基础，党内法规是落实党的路线、方针和政策的保证。只有党内法规从党的路线、方针和政策出发，才能有效地将其精神实质与各项要求转变为具体的、现实的、硬性的制度化要求，才能按照其主要内容与精神实质与时俱进地不断完善，有效规范党组织和党员的行为，从而使他们在思想上、政治上和言行中与党中央保持高度一致，更好地做到按照党的原则和规定办事。

三、遵守党必须在宪法和法律范围内活动的规定

宪法是中国的根本大法，一切国家机关和武装力量、各政党和各社会团体、各企业事业组织都必须遵守。国家的宪法和法律是党的主张和人民意愿的统一体现，作为执政党，要不断推进全面依法治国和全面从严治党，党有义务、有责任领导全国人民忠实地严肃地贯彻执行国家的法律和各项法规。习近平同志在2012年12月4日首都各界纪念现行宪法公布施行30周年大会上的讲话中指出：党领导人民制定宪法和法律，党领导人民执行宪法和法律，党自身必须在宪法和法律范围内活动，真正做到党领导立法、保证执法、带头守法。党的各级组织必须在宪法和法

律范围内活动的原则，最早见于党的十一届六中全会所通过的《关于建国以来党的若干历史问题的决议》。现行的党章总纲中明确规定：党必须在宪法和法律的范围内活动。我们党是中华人民共和国的领导核心，党的领导不能动摇，这与党必须在宪法和法律范围内活动没有矛盾，党的执政地位的法律依据就是现行宪法的序言内容和总纲第一条第二款“中国共产党领导是中国特色社会主义最本质的特征”。可见，要求党在宪法和法律范围内活动，本身就是使党的领导进一步获得法律权威的形式，使得党作为最高政治力量的政治权威获得宪法权威的确认。宪法是一切制度的根基，作为中国特色社会主义法治体系的重要组成部分，党内法规的制定与完善必须坚持和贯彻宪法确立的原则，内容和各项要求要自觉体现宪法精神并维护宪法权威。法律是宪法精神、宪法原则、宪法内容的进一步展开和具体化，也是全体社会成员必须共同遵循的行为规范。制定党内法规必须遵循法律的要求，党内法规的内容也不得与宪法和法律精神及其规定相抵触、相矛盾。

四、符合科学执政、民主执政、依法执政的要求

适应推进国家治理体系和治理能力现代化的要求，必须提高党的长期执政能力，要使党内各方面制度更加科学、更加完善，实现党领导和自身建设各方面、各项事务治理的制度化、规范化、程序化，善于运用党规和法律治理国家，提高党科学执政、民主执政、依法执政水平。

党内法规的制定必须符合科学执政的要求，要求按照习近平新时代中国特色社会主义思想这一科学理论的指导，正确认识和把握共产党执政规律、社会主义建设规律和人类社会发展规律，坚持科学态度，发扬科学精神，通过系统、全面、科学、有效的制度来执政，不断提升执政意识，提高执政能力。在党内法规的制定中，要不断调整和完善党执政的各项制度，改革和完善党的领导体制和工作机制，建立结构合理、配置科学、程序严密、制约有效的权力运行机制，使得党的执政愈加科学、合理、高效，更好符合我国发展历史方位的新变化，符合中国特色社会主义新时代的新要求，才能确保党的事业永葆生机。党内法规的制定必

须符合民主执政的要求，必须坚持党的领导、人民当家作主与依法治国的有机统一，通过党内法规的建设发展党内民主带动人民民主，大力推进社会主义民主的制度化、规范化和程序化。我们党就是在民主的旗帜下成熟起来和不断进步的，形成了确认和保障体现民主执政要求的党内情况通报制度、情况反映制度、重大决策征求意见制度、党务公开制度等各项制度，并逐渐成为党内法规体系的重要组成部分。而且，党内法规本身就体现全党意志，所以党员以直接或间接的方式参与党内法规的制定是党员民主权利的重要表现，也有利于发挥党员参与党内政治生活的积极性和创造性。只有党内法规的制定过程贯穿民主的要求，才能确保党内法规真实反映党员主体的诉求、真正科学集中全党意志，党内法规才具有广泛的党内认同基础，也才能使得所有党员具有自觉执行的主动性，保障党内法规贯彻的有效性。党内法规的制定必须符合依法执政的要求，强调把党的领导贯彻到依法治国全过程和各方面，坚持依法治国与依法执政的相统一，实现党内法规与法律的有效衔接与有机互动，不断提高党员领导干部的法治意识和依法执政本领，规范党的权力运作机制和各项工作方式与程序，从而确保党的正确领导的连续性和稳定性。

五、有利于推进党的建设制度化、规范化、程序化

十九大报告明确规定党的制度建设要贯穿党的建设全过程，党内法规作为党的制度中的重要组成部分，党内法规体系的建设质量、党内法规制定过程的科学性、民主性、法治性，以及各项工作运作程序的固定化、规范化、稳定化，都直接关乎党的建设制度化、规范化、程序化水平。党内法规的制定工作要利于推进党的建设的制度化，要使党内法规调整的领域涵盖党的领导各个方面，覆盖党的建设每个环节，包含党员和党组织活动的各个领域，更好促进党的各项工作都要严格按照党的各项制度尤其是要严格按照党内法规的规定推进。党内法规的制定工作要利于推进党的建设的规范化，强调要使党内法规体系目标明确、内容完善、结构合理，使党建的各领域、各方面的工作相应地标准全面、要求明确、权责清晰，不留盲点和死角。党内法规的制定工作要利于推进党的建设

的程序化，强调通过党内法规体系的建设尤其是加强程序性相关党规的建设，使得党建各项工作中程序要素齐备、逻辑严密、形式规范，努力使党建工作各项环节和步骤规范、有序运行，不留有机可乘的漏洞和自由裁量的空间。通过党内法规的制定，不断推进党的建设制度化、规范化、程序化，对于有效调整党内关系、科学规范党员行为、维护正常党内秩序、激发党的活力具有重要作用。

六、坚持民主集中制，充分发扬党内民主，维护党的集中统一

民主集中制是党的根本组织制度和领导制度。民主集中制简而言之，就是民主基础上的集中与集中指导下的民主相结合。民主是正确集中的前提和基础，集中是民主的必然要求和归宿，两者相辅相成、内在统一、不可分割。习近平同志指出：“要充分发挥党的制度优势，最重要的就是必须坚持民主基础上的集中和集中指导下的民主相结合，不断巩固党的团结统一和增强党的创造活力，从制度上保持和发展党的先进性和纯洁性。”民主集中制由列宁最早提出，中国共产党是按照马克思列宁主义建党思想建立的，按照民主集中制各项要求，把党员严格组织起来、构筑领导体系，正确规范党内政治生活、调节党内关系的。民主集中制是党的根本组织原则，党内其他各项制度和党内法规都是围绕其展开。党内法规相对于民主集中制更为具体，受其制约和规范，是民主集中制在不同领域的具体运用和体现。必须始终坚持党的民主集中制，否则党内就无以保持和谐稳定的政治生活，党就无以成为一个团结统一、健全的有凝聚力、战斗力和生命力的党。同时，这种坚持不是空洞抽象的或者停留在原则上的，必须按照科学理解民主集中制的要求，随着形势的变化不断改革和完善党的具体制度和党内法规制度，将对党的根本原则的坚持寓于具体制度和党内法规的改革和完善之中。党的民主集中制包括六条原则，明确规定在党章中。这六条原则是在革命和建设实践中逐步完善起来的，只有准确理解其内涵，科学认识民主集中制是六条原则逻辑严密的统一整体，才能将之科学地体现在党内法规的制定过程和程序中，在制定过程中充分发扬党内民主、科学集中全党意志，使党内法规充分表

达全体党员的共同意志和利益诉求；才能将之体现到党的活动的各个领域的党内法规的内容中，将民主集中制各项要求具体化、系统化、科学化，实现党内政治生活的目标，即要造成一个“又有集中又有民主，又有纪律又有自由，又有统一意志又有个人心情舒畅、生动活泼”的政治局面。

七、维护党内法规制度体系的统一性和权威性

党内法规体系要形成一个不同领域、不同层级、不同功能、不同时期的党内法规相互配套、相互依赖、相互制约的反映党的整体意志的有机系统。党的十九大报告强调，我们党要“增强依法执政本领，加快形成覆盖党的领导和党的建设各方面的党内法规制度体系，加强和改善对国家政权机关的领导”。可见，加强党内法规体系建设是党内法规制定过程中的一项重要要求。在制定党内法规中，要继续着眼于基本框架的完善，进一步健全基础主干党内法规，同时也要不断推进完备的配套党内法规制定工作及时、规范、有序开展，才能在推进单部党内法规与时俱进的同时促进体系本身的整体性、功能性、结构性和层次性，使其更好发挥制度体系的综合效应。

党内法规是体现党内意志的载体，必须得到全党的尊重，必须得到有效贯彻执行。尊重党内法规的严肃性和权威性，全党统一依规办事、令行禁止，党的活动才能有序进行，党内秩序才能得以维持，才能使得党的意志得以贯彻、党的路线方针政策得以落实、党中央的权威和集中统一领导得以维护。党内法规的权威性来源于党员的内心拥护和真诚信仰，这要求党内法规在制定、修改时必须严格依照法定程序，更好反映党员真实诉求，以获得党员发自内心的尊崇。同时，党内法规一经制定必须严格认真实施，所有的党内主体在党内法规面前一律平等，任何一级党组织和党员没有超越党规的特权，违反党内法规都要受到处罚。

八、注重简明实用，防止繁琐重复

党内法规的制定的一条重要理念就是强调制度不在于多而在于有效，不能为了制定而制定，更不能把党内法规建设本身作为目标或者政绩，

出现制度过于繁密僵硬、程序无限制增加或者环节的繁琐不必要的问题。党内法规在制定中要不断提升党内法规工作的科学化，改进立法技术，实现党内法规清理工作的常态化、规范化；本着于法周延、于事简便的原则，及时把党的建设中的成熟实践成果、理论成果上升为科学规范的制度成果；处理好相关党规之间的关系，避免相互之间的重复、冲突、疏漏和脱节，维护党内法规制度的协调统一；党内法规在内容的具体表述上要做到高度凝练、简明扼要、精确严谨、切实可行，保证执行中的准确界定和具体把握。

第二节 党内法规的清理

构建完善的党内法规制度体系是一个系统工程，需要协同推进立改废释工作，尤其要通过党内法规的清理着力解决党内法规制度中存在的不适应、不协调、不衔接、不一致突出问题，不断提高党内法规质量。党内法规的清理，是指有权机关在职权范围内，按照一定的程序，对一定范围的党内法规和其他规范性文件进行梳理和研究，对存在不适应、不协调、不衔接、不一致等问题的规范性文件作出相应处理的综合性活动。

为建立科学的党内法规体系，中央对开展清理党内法规和规范性文件的工作高度重视，明确将之作为加强党的制度建设、深化党的制度改革的一项重要举措和任务，并在党规中明确规定党内法规清理制度，在实践中进行深入探索。2012年5月中共中央印发的《中国共产党党内法规制定条例》的第三十一条要求党内法规制定机关适时对党内法规进行清理，并根据清理情况及时作出修改、废止等处理。2012年6月，中央批准印发《中共中央办公厅关于开展党内法规和规范性文件清理工作的意见》，启动了党历史上第一次党内法规和规范性文件集中清理工作。以习近平同志为核心的党中央为深化党和国家机构改革作出的决策部署，2018年5月通过《中共中央关于涉党和国家机构改革党内法规和相关文件专项清理的决定》废止3件、修改35件中央党内法规和相关文件，有效解决部分党内法规和文件与机构改革不适应、不协调、不衔接、不一致问题，对于确保机构改革依法依规进行具有重要意义。

一、党内法规清理的必要性

党内法规的清理是适应经济社会的发展、党内制度建设自身规律的必然要求，也是推进党内法规制度建设的重要环节，尤其在当前全面深化改革、党内法规制度建设全面推进和快速发展的关键时期就显得尤为重要。

一是维护党内法规体系的统一协调和权威高效的内在要求。党内法规体系应该是体例科学、结构严谨、功能齐备、和谐统一的有机整体，这是维护党内法规的权威的基本前提。我们党的党内法规体系总体上是不断完善的，但由于党内法规制定主体的层次性和多元化，可能会出现中央制定的、部门制定的与地方制定的党内法规的冲突和矛盾，从而出现党内法规体系一些不适应、不一致、不协调的现象。党内法规的清理，是确认党规效力、解决相关党规冲突的一种有效方法，可以把同上位党内法规和规范性文件相抵触的，或者与其他同位党内法规和规范性文件相冲突的党内法规和规范文件，通过清理予以废止或者修改，消除或减少党内法规现存的冲突，从而实现党内法规体系的统一性和协调性，维护党内法规的权威高效。

二是适应社会发展和实现党内法规的功能的必然前提。新中国成立特别是改革开放以来，我们党制定颁布了大量党内法规和规范性文件。这些党内法规和文件在颁布后总体上处于一种相对静止的状态，这样就会出现一些和经济社会的动态发展、党内现状不适应，甚至脱节的现象。随着世情国情党情的深刻变化，党内法规和文件不适应、不协调、不衔接、不一致问题日益凸显，有的已经滞后于时代、不再适应实践的发展和形势任务的需要，不再具有现实规范意义；有的存在同党章和党的理论路线方针政策不一致、同宪法和法律不一致的情况；有的相互之间交叉重复、冲突矛盾。如果不能通过党内法规的清理等制度，及时废止“超期服役”的党规，解决党规中本身存在的违法违规的问题，改变党规的不适应、不一致、不协调和不便适用的问题，都会不利于党内法规的功能和作用的充分发挥。尤其在全面深化改革的过程中，必须坚持改革和法治相统一、相促进、相衔接，及时修改完善涉及改革的党规，才能更好坚持依法治国、依法执政、依法行政共同推进，做到既发挥法治规范和保障改革的作用，在法治下推进改革；又通过改革加强法治工作，在改革中完善和强化法治。

三是确保党内法规制定工作规范化和提高党内法规制定工作质量的重要保证。党内法规的清理尤其是党内法规的全面清理，是听取各方面的意见，通过相关的部委和部门的严谨审核，对现行规范性文件进行梳理和评估，可以统计各个位阶的党内法规和规范性文件数量，排查党内法规制度建设中存在的问题，有利于摸清现行规范性文件的总体情况，有利于总结之前制定工作的经验和教训，提高党内法规制定工作技术水平，促进制定工作的规范化。党内法规清理工作涉及面广、政治性和政策性强，十分复杂，既要充分考虑历史条件，也要适应世情国情党情的发展变化，需要积极稳妥推进，实事求是分析相关党规的效力，对不同的党规及时宣布废止、宣布失效、继续有效，才能为党内法规制度的立改废工作奠定坚实基础，以利于明确下一步党内法规制度体系建设的方向、重点和着力点，不断提高党内法规制定工作质量。尤其是对于一些党内法规已经不适应经济社会发展、需要修改的，可以建议列入党内法规制定工作规划，以督促有关部门及时起草修改草案，有利于完善党内法规制定规划。

二、党内法规清理的程序

党内法规的清理必须遵循法定程序，虽然目前在相关的党内法规中并没有明确法规的清理程序规定，但在实践中已形成了一些规范的程序，大致遵循如下步骤：

第一步，确定清理范围。这是清理中的基础性工作。党内法规的清理范围即党内法规清理的对象，按照目前的实践是党内法规和规范性文件，既包含中央层级的党内法规，也包含各部门和地方制定的；既有规范形式的党内法规，也包括有虽未使用党内法规名称和体例格式，但包含法规性内容、具有党内法规效力、可以反复适用的现行有效文件。按照不同清理目标，清理的对象有所差异。例如，第一次党内法规的全面清理的主要目标之一是通过全面清理可以摸清党内法规制度的“家底”，所以其对象是新中国成立至2012年6月期间制定的党内法规和文件。中央办公厅会同国家档案局，对新中国成立至2012年6月期间出台的2.3万多件中央文件进行全面梳理，将其中规范党组织工作、活动和党员行为的1178件党内法规和规范性文件纳入清理范围（其中1978年至2012年6月中央制定的近4000件各类文件中，有767件属于党内法规和规范性文件纳入清理范围；新中国成立至1977年中央制定的19732件文件中，规范党组织工作、活动和党员行为的411件党内法规和规范性文件纳入清理范围）。需要注意的是，这次清理对象不包含“文化大革命”期间所制定的文件，这主要是因为1979年8月17日发布的《中共中央关于清理历史遗留问题中涉及到有关中央文件的处理办法的通知》中，对这一时期所制定的文件中的内容、提法和决定作了一揽子的规定：凡同新文件矛盾、抵触的，一律以新文件为准，相关规定自然失效，除少数特殊情况外，不再一一宣布撤销这部分文件。

第二步，部门审核。党内法规的清理是一项严肃、专业性很强的活动，需要对相关党规的制定目的和制定过程有全面准确的认识，不是任何其他机关或个人都能进行的，只有拥有党内法规制定权的机关按照“谁起草谁提出清理意见”的原则在其权限范围内才能进行。第一次全面清理就是遵循按照“谁起草谁提出清理意见”的原则，综合考虑文件调整事项目前的主管权属，中央办公厅将清理文件分送50多个中央有关部委和单位对相关文件进行审核。有关部委和单位高度重视，组织力量对相关文件进行审核，提出了初步清理意见。例如，在第一阶段工作中，按照中央要求，2012年10月中央纪委办公厅印发《关于成立中央纪委党内法规和规范性文件清理工作领导小组的通知》，成立中央纪委党内法规和规范性文件清理工作领导小组，由中央纪委秘书长担任组长，中央纪委办公厅、党风室等25个厅室局负责人为清理工作领导小组成员。清理工作领导小组办公室设在中央纪委法规室，负责清理工作的沟通协调，承担相关清理工作任务，并在《中央纪委党内法规和规范性文件清理工作实施方案》中对清理范围、清理标准、工作分工、工作步骤和时限等作出了明确而具体的要求。[①]

第三步，集中审核。有关部委和单位形成初步清理意见后，一般要提交党委办公厅（室）进行集中审核。第一次党内法规全面清理中，中央办公厅会同中央纪委机关、中央组织部、中央宣传部、中央统战部等成立集中审核工作组，对有关部委和单位提出的初步清理意见进行研究论证，对清理文件逐件进行审核，形成拟废止、宣布失效、继续有效三个文件目录。

第四步，征求意见。为慎重起见，党委办公厅（室）所形成的处理意见要分送清理责任单位征求意见，并根据相关单位的反馈意见再作调整完善。第一次党内法规全面清理中，中央办公厅将上述三个文件目录分送有关部委和单位征求意见，并根据各方面反馈情况进行调整完善，形成一致的文件清理处理意见。

第五步，审批发布。清理决定稿形成后，需要报请有权机关按照规定程序审批后才能产生效力，并且应当将所形成的决定按程序以特定形式向党员和党组织公布。在第一次党内法规的全面清理中，由中央办公厅起草清理决定稿，按程序报请中央审批通过，以中共中央文件形式发布。2013年7月，《中共中央关于废止和宣布失效一批党内法规和规范性文件的决定》发布，1978年以来中央制定的767件党内法规和规范性文件中，宣布废止162件，占清理文件总数的21%；宣布失效138件，占清理文件总数的18%；继续有效467件，占清理文件总数的61%，另有42件将作出修改。2014年11月，《中共中央关于再废止和宣布失效一批党内法规和规范性文件的决定》发布，纳入第二阶段清理范围的新中国成立至1977年期间中共中央制定的411件党内法规和规范性文件中，废止160件，占清理文件总数的38.9%；宣布失效231件，占清理文件总数的56.2%；继

① 杜晓光，张由涛，杨巨帅：《让制度的“笼子”更坚实——中央及中央纪委集中开展清理党内法规和规范性文件工作纪实》，《中国监察》，2013年第18期。

续有效20件，占清理文件总数的4.9%。这也标志着中央党内法规和规范性文件集中清理工作全部完成。

三、党内法规清理的结果

对于清理出来的党内法规和规范性文件，中央统一采取了废止、宣布失效、继续有效等三种处理方式：

第一种，明令废止。凡文件主要内容同党章和党的理论路线方针政策相抵触，或同宪法和法律不一致的，文件已明显不适应现实需要的，文件已被新的规定涵盖或替代的，一律废止。

一是文件主要内容同党章和党的理论路线方针政策相抵触，或同宪法和法律不一致。例如，20世纪五六十年代一些中央文件关于刑事案件处理程序的规定被废止，因为其与目前刑事诉讼法的规定相抵触。二是文件已明显不适应现实需要。例如20世纪一些针对当时特定历史条件、特定调整事项作出的规定，具有明显的时代性，多数在实践中已不再适用。20世纪五六十年代，中央出台了关于三反运动、肃反运动、整风运动，以及干部轮训、干部审查、干部下放劳动等的规定，时过境迁，明显不适应现实需要。三是文件已被新的规定涵盖或替代。例如，中央在1985年、1987年、1993年、1996年、1997年、2001年先后出台6个关于防止机构编制膨胀的文件。上述文件的内容已被2011年出台的关于严格控制机构编制的新文件涵盖。例如，1984年《中共中央、国务院关于严禁党政机关和党政干部经商、办企业的决定》规定："党政机关的在职干部，如本人要求留公职经商、办企业，可予批准，但不能保留原来的职务，其工资及生活福利待遇应即停发。"这与《中国共产党党员领导干部廉洁从政若干准则》等规定冲突。鉴此，中央决定废止该决定。

第二种，宣布失效。凡调整对象已消失、文件事实上已不再执行的，文件适用期已过的，有关事项或任务已完成、文件不需要继续执行的，一律宣布失效。

一是文件的调整对象已消失。例如，20世纪50年代中央出台了一系列关于党内监察委员会的规定，由于目前党内不再设立监察委员会，这些文件事实上已失效。二是文件适用期已过、文件规定的阶段性任务已完成，文件事实上已不再执行。比如，2000年中央批准印发的《深化干部人事制度改革纲要》，是对2001年至2010年期间干部人事制度改革进行阶段性部署的文件。鉴于该文件的适用期已过，中央决定宣布其失效。

第三种，继续有效。凡文件内容不存在问题的，或者虽存在一些问题但不影响继续执行的，或者目前尚无其他文件可以替代、废止时机条件还不成熟的，继续有效。文件内容存在一些问题，需作修改，但修改前也继续有效。

一是文件内容不存在问题，继续生效。二是文件内容虽然存在一些问题，但不影响继续执行，废止、修改的必要性不大。例如，1959年《中央关于统一管理党、政档案工作的通知》、1965年《中央关于党内同志之间的称呼问题的通知》等，虽有一定历史痕迹，但主要内容和精神仍然适用，对当前工作仍具有重要的指导意义，在这次清理过程中被保留了下来。三是文件内容存在一些问题，需要进行修改，但修改前继续有效。比如，2003年中央印发的《中国共产党党内监督条例（试行）》，有些规定比较原则，操作性不强、约束力不够。党的十八大提出，要加强党内监督，严格规范权力行使，加强对领导干部特别是主要领导干部行使权力的监督。为此，中央决定修改该条例，细化相关规定，健全监督方式方法，完善监督程序，增强监督实效，推动实现把权力关进制度笼子里的目标。例如，2004年出台《中国共产党党员权利保障条例》，有些规定保障措施操作性不够强，对侵犯党员权利的责任追究力度不够大，导致党员的知情权、参与权、选举权、表达权、监督权保障不到位，还需要进一步修改。

清理后继续有效的中央党内法规和规范性文件，需要汇编成册，以便各地区各部门执行落实，以便党员学习和遵守。废止和宣布失效的中央党内法规和规范性文件，在规范党内生活、加强党的建设、推动党的工作等方面曾经发挥了重要历史作用，对今后的党内法规制定工作也有参考借鉴作用，应当按有关规定做好存档、查档利用管理等工作，发挥好这些文件的历史资料价值和资政育人作用。

四、党内法规清理的分类

中央强调，要建立健全定期清理和即时清理机制，今后一般每五年对党内法规和规范性文件开展一次集中清理；同时，在制定或修改党内法规和规范性文件时，对与之不协调、不衔接、不一致的相关党内法规和规范性文件同步进行清理，实现清理工作经常化、制度化、规范化。从目前党内法规和规范性文件的清理的理论和实践来看，按照一定的标准和角度，可以把党内法规和规范性文件的清理分为如下种类：

一是从清理范围看，党内法规和规范性文件的清理可分为集中清理和专项清理。

集中清理，是指对现存所有的或者相对较长一段时间以来的现行的党内法规和法规范性文件进行较大规模的清理活动。从清理对象上看，所清理的文件往往有一定的时间跨度，数量多、涉及范围广，这就决定了清理工作复杂性较大、成本较高，往往工作的时间长、涉及相关的单位和主体广、投入的人力多。而且清理的文件制定的时间越久，工作难度就越大。例如，在新中国成立至改革开放前中央制定的文件，由于当时文件归档制度尚不健全，文件格式和发布形式繁杂，且许多文件的起草机关被撤销、合并或者职能被划转，有的文件的起草机关无法查实，因此清理的难度更大。集中清理可以对所有的或者一段时间以来的现行党内法规和规范性文件进行全面审查与梳理，并一次性地归纳与解决较多、较大的问题，在某种程度上是党内法规体系的奠基性的基础工程，尤其在党内法规制度体系构建的初期作用尤为突出。但是集中清理也有不足的地方，在进行集中清理之前往往已经积累了一定范围或一定时间的党内法规不适应、不协调、不衔接、不一致突出问题，会对实践中党的各项工作有效运行、党的建设的有序发展和党组织各项活动规范开展造成阻碍。

专项清理，是指针对某一领域的特定内容的党内法规和规范性文件中某类问题所进行的清理。专项清理多用于上位党内法规与文件规定的基本制度发生变化后，下位党内法规与文件的有关规定与之普遍出现不一致的情况。例如，中央纪委较早进行的党内法规清理的探索，就是对部分有关党风廉政建设和反腐败工作的法规和规范性文件进行的清理，属于党内法规的专项清理的一种。2002年初，经中央纪委、监察部领导同志批准，中央纪委法规室会同有关厅室组成清理工作班子，着手对改革开放以来中央纪委、监察部以及中央和国家机关各部门制定出台的约5000余件党风廉政建设和反腐败工作方面的法规和规范性文件开展清理，并于2004年3月以《中共中央纪委、监察部关于决定废止一批党风廉政建设和反腐败工作的文件的通知》的形式予以废止或者失效了115件法规和规范性文件。2009年6月，中央纪委、监察部开展第二次清理工作，清理2004年3月至2010年12月中央纪委、监察部以及中央和国家机关各部门制定出台的570件党风廉政建设和反腐败工作方面的法规和规范性文件。2011年12月，中央纪委印发《关于决定废止一批党风廉政建设和反腐败工作的文件的通知》，决定废止或者失效了25件法规和规范性文件。[①] 2018年5月，中共中央关于涉党和国家机构改革党内法规和相关文件专项清理，是第一次全党范围内的专项清理。专项清理相对于集中清理，目标明确、针对性强、所涉及的党规与文件范围较小，能够做到集中时间和力量，在较短的时间内高效解决某一方面或某一领域的问题，使得相关党内法规和规范性文件统一配套、协调一致，保证相关领域工作的顺利推进与具体任务落实。

二是从清理时间看，党内法规和规范性文件的清理可分定期清理和即时清理。

定期清理，是指每隔一定时期进行清理，并及时根据不同情况相应作出不同的处理决定，是党规与文件的清理工作经常化、制度化、规范化的一种有效形式。即时清理，是指根据客观需要或者在新制定或修改党内法规和规范性文件时，对现行相关党内法规和规范性文件进行清理。即时清理可以灵活地对其所涉及的相关党内关系或事项的现行党内法规

① 杜晓光，张由涛，杨巨帅：《让制度的“笼子”更坚实——中央及中央纪委集中开展清理党内法规和规范性文件工作纪实》，《中国监察》，2013年第18期。

和规范性文件作出处理，或予以废止，或要求进行修改，有利于及时消除党内法规和规范性文件之间存在的“四不”问题，以维护党内法规制度体系的协调统一，适应社会变化和调整党内关系的需求。

第三节　党内法规制定的程序

制定党内法规的工作是在中央统一领导下有计划有组织地进行的需要遵循特定程序要求。中央党内法规制定的日常工作由中央书记处负责，中央办公厅承办具体事务。中央纪律检查委员会、中央各部门和省、自治区、直辖市党委按其职责权限分别负责有关工作。党内法规制定的程序，即有权制定党内法规的党的机关在制定党内法规的过程中特定的工作方法、步骤、手续和次序。

一、党内法规的制定规划

党内法规的制定工作规划是加强党的制度建设的一项基础性工程，也是加强党内法规制定工作的战略工程，对于推进党的建设、提高党的执政能力具有重大意义。《中国共产党党内法规制定条例》（本节中简称《条例》）在第二章“规划”部分中，对党内法规的制定规划作了明确的规定。党内法规制定规划中最具有指导性和重要意义的是由中央制定的综合性的、宏观的、完整的、在相对较长时间发挥作用的总体构想规划。《条例》第九条、第十条明确了中央党内法规制定规划工作的具体责任部门及基本的工作流程。首先按照第十条的规定，中央纪律检查委员会、中央各部门和省、自治区、直辖市党委提出的中央党内法规制定建议，应当包括党内法规名称、制定必要性、报送时间、起草单位等。然后按照第九条的规定，中央党内法规制定工作五年规划，由中央办公厅对中央纪律检查委员会、中央各部门和省、自治区、直辖市党委提出的制定建议进行汇总，并广泛征求意见后拟订，经中央书记处办公会议讨论，报中央审定。为了更好落实中央党内法规制定规划，可以按照第十一条的规定由各地方、各部门专项针对党内某方面、某领域工作作出专门性的本系统、本地区党内法规制定规划。规划从党内法规调整的内容上和作用的领域来进行分解，划分为中央、系统和地区的规划。规划也可以从时间上分解为党内法规工作的年度计划，即将较长时间的党内法规制定规划按照轻重缓急具体化为一个整年度内需要制定的党内法规的构想安排。按照第九条第二款的规定，中央党内法规制定工作年度计划，由中央办公厅对中央纪律检查委员会、中央各部门每年年底前提出的下一年度制定建议进行汇总后拟订，报中央审批。

以党的十八大期间所制定的《中央党内法规制定工作五年规划纲要(2013—2017年)》(以下简称《纲要》)为例，可以看出科学的有前瞻性的党内法规制定规划，有利于促进使党内法规制定工作有组织、有计划、有步骤地进行，对这一时期党内法规建设起到重要的指导作用。《纲要》对五年内中央党内法规制定工作进行统筹安排，提出了指导思想、工作目标、基本要求、主要任务和落实要求，确定了一批党内法规重点制定项目，对党内法规建设进行了统筹规划、顶层设计。这次编制党内法规制定工作五年规划在中国共产党历史上是第一次，标志着党内法规制定工作进入一个新阶段。党内法规制定工作五年规划与五年一届的党代会相衔接，体现了一届任期内党内法规制定工作的总体要求，有利于加强党内法规建设工作的计划性、协调性，保证党内法规制度的系统性、协调性和前瞻性。

虽然党内法规制度与国家法律的制定工作都存在五年规划，但是两者的内容与形式不同。国家立法规划工作是按照“年度有计划、五年有规划、长远有纲要”的要求进行，所以五年立法规划的内容只包括立法项目，并且分三类列出：第一类指的是条件比较成熟、任期内拟提请审议的立法项目，第二类指的是需要抓紧工作、条件成熟时提请审议的立法项目，这两类都会明确具体列出拟修改或新制定的法律草案名称。第三类是立法条件尚不完全具备、需要有关方面继续研究论证的立法项目。而《纲要》不同于人大的五年立法规划，例如《纲要》作为第一次对党内法规制定工作作出顶层设计的文件，对党内法规制定的指导思想、工作目标、基本要求、主要任务和落实要求都作出明确规定，其中还特别提出在建党100周年时全面建成内容科学、程序严密、配套完备、运行有效的党内法规制度体系的长远目标，不仅对于之后五年党内法规制定工作，而且对于长期的党内法规制定工作都具有重要而深远的意义。

《纲要》作为党内法规的制定规划，没有采用一般立法规划的模式，在结构和形式上具有自身特色，分为 9 个部分，可以概括成四方面内容：第一方面，阐述了党内法规制定工作的指导思想、工作目标和基本要求。《纲要》提出了五年的明确时间表，坚持科学的指导思想，遵循按照六项基本要求，主要任务锁定基本形成党内法规制度体系框架，以使党内生活更加规范化、程序化，使党内民主制度体系更加完善，使权力运行受到更加有效的制约和监督为工作目标，旨在构建实现党的科学执政、民主执政和依法执政的基础和根基。第二方面，包括第二至第七部分，从党的领导和党的工作、思想建设、组织建设、作风建设、反腐倡廉建设、民主集中制建设等六个方面，对所需要制定的党内法规制度进行阐述。《纲要》涉及制定、修订、健全、完善的法规包括《中国共产党地方委员会工作条例(试行)》《中国共产党巡视工作条例(试行)》《关于县以上党和国家机关党员领导干部民主生活会的若干规定》《中国共产党党务公开条例》等30余项党内法规，但是《纲要》并没有全面列出具体立规项目，也没有对它们进行明确的分类。第三方面，就是第八部分，对提高党内法规制定质量和执行力提出要求。第四方面，就是第九部分，对承担制定中央党内法规的部门和单位如何抓好《纲要》的组织实施提出要求。

《纲要》具有鲜明的党规特色，是按照党内法规体系的要求，确定了五年内需要修改完善以及需要重新制定的党内法规的总体框架，并在每部分中都指出了相应的立规项目。同时，根据整体推进、突出重点的原则，确定这五年内中央党内法规立规项目时，是按照急用先立原则，突出重点、区分轻重缓急、积极而为、量力而行，结合各方面制度资源配备情况，努力作出科学、合理的安排。

对于基本的、急需的、条件成熟的需修改或者制定的党内法规，《纲要》要求加紧调查研究，争取在本五年规划期内完成修改、制定工作。所谓基本的，主要是指那些构成党内法规制度体系框架具有支架作用、必不可少的重要党规，也就是基础主干类的党内法规。比如《纲要》要求抓紧制定的《中国共产党党组工作条例》，虽然党章中对党组有规定，但是没有统一具体党内法规对其明确规定，造成党内组织法的重要组成部分有所欠缺，出台工作条例后有助于明确党组的设立、职权职责和工作方式，规范党组决策程序，进一步理顺党组与所在机构组织的关系。所谓急需的，主要是针对党的建设和党的工作中存在的突出问题，以保障党员权利、发展党内民主、改革用人制度、加强基层组织、推进作风转变、规范权力行使、严明党的纪律、强化党内监督为重点的党内法规。比如《纲要》提出抓紧修订的《关于县以上党和国家机关党员领导干部民主生活会的若干规定》，这是要求将此次党的群众路线教育实践活动专题民主生活会的经验做法加以总结，上升到党内法规层面使之规范化、制度化、长效化。而对于制定条件尚不完全具备、需要有关方面继续研究论证的党内法规，也可以推延至下一个五年规划期内修改、制定。当然，党内法规制定工作的五年规划应当是预期的、滚动的、指导性的，而不是指令性的。有些党内法规虽然没有予以突出强调，但如果确有需要，制定条件也确实成熟了，规划本身也可以根据情况的变化加以调整。

2013—2017年是我们党建立党内法规制度框架体系重要时期，也是为建党100年全面建成党内法规体系的打基础的关键时期。一方面，中央按照《纲要》规定科学有序、全面系统推动了党内法规制定工作，在宏观上完善了党内法规体系，提升了党内法规制定工作的质量。另一方面，地方则以中央的《纲要》为指导，根据本地区社会发展的实际状况突出重点编制各自的五年规划和年度工作安排，为中央党内法规制定工作规划的实施提供了具体保障。

党的十八大以来党内法规建设工作取得成绩与《纲要》的科学规划密不可分，当时《纲要》明确指明的党内法规基本都按照规划如期完成，大大提高了党内法规制定工作的科学化水平，促进党内法规体系的不断完善。当然，由于世情国情党情的变化，可能使得当初在党内法规工作规划中所安排、确定的党内法规的立规项目或者一些党规的轻重缓急发生调整，中央党内法规制定工作规划和计划在执行过程中可能需要变动，这样就要按照《条例》第十二条的规定，或由中央进行调整，或由中央纪律检查委员会、中央各部门提出书面报告，经中央审定后进行调整。比如，党的十八大期间，巡视工作的重要性日益凸显，为了更好贯彻党中央对巡视工作的新部署新要求，适时对《中国共产党巡视工作条例》进行了两次修改，充分发挥出巡视制度作为党内监督的战略性制度安排的独特优势。

二、党内法规草案的起草

党内法规草案的起草是党内法规制定过程中的重要环节，党内法规草案的质量从某种程度上决定成文党规的质量与水平。因为从实践看，党内法规制定的其他环节中，往往不会对草案内容作颠覆性修改，而大多是对草案的内容作部分必要的修改和文字的修订。在《条例》中对党内法规的起草工作明确规定了一系列要求和程序，并规定了草案的整体结构、条款的内容、语言行文的标准。

《条例》对起草主体进行了明确，根据第十三条规定，对于综合性的党内法规，一般根据具体内容的要求决定或由中央办公厅协调中央纪律检查委员会、中央有关部门起草，或者成立一个专门的起草小组。对于中央纪律检查委员会、中央各部门和省、自治区、直辖市党委制定的党内法规，草案则要由其自行组织起草。以十八届六中全会通过的《关于新形势下党内政治生活的若干准则》和《中国共产党党内监督条例》为例，2016年3月在党的十八届六中全会文件起草组第一次全体会议上，宣布起草组正式成立，由习近平同志担任组长，刘云山同志、王岐山同志担任副组长，包含15位党和国家领导同志、党和国家有关部门的73位同志和2名地方党委主要负责同志，其中有33位正部长级以上领导同志。可见，由于十八届六中全会研究全面从严治党是以制定修订这两部党内法规的文件稿为重点专题，其在党内法规体系中效力层级高、内容十分重要，专门成立了阵容强大的起草组。

在起草的准备阶段，要坚持实事求是的原则，加强调查研究，进行广泛的反复的意见沟通。根据《条例》第十六条规定，起草党内法规，应当深入调查研究，全面掌握实际情况，认真总结历史经验和新的实践经验，充分了解各级党组织和广大党员的意见和建议。必要时，调查研究可以吸收相关专家学者参加或者委托专门机构开展。例如，在制定《关于新形势下党内政治生活的若干准则》和《中国共产党党内监督条例》中，就充分体现这一要求。在起草组成立前，2014年开始，由有关方面同志参加的工作小组就加强党内政治生活问题进行调查研究，形成初步成果。2015年下半年开始，中央纪委机关先后召开7次专题会议，研究党内监督条例修订工作。起草组成立后，一是总结历史经验，厘清历史脉络，为文件起草工作提供了充分的理论准备。根据习近平同志“深入学习、加强调研”的要求，起草组成立后收集了党的历史上所有相关文件法规，马克思主义经典作家和党的历代领袖相关论述，特别是党的十八大以来习近平同志重要讲话，也包括国外政党监督相关制度，到3月中旬，整理汇集完毕四册《重要文献选编》，以资借鉴。二是回应现实需求，突出问题意识。按照习近平同志要求，起草组注重开展专题调研，始终把问题意识贯穿文件起草工作全过程。根据开展党内政治生活和党内监督工作的难点、重点，把两部党规针对的重点对象定位为高级干部这个“关键少数中的关键少数”，并通过认真研究党的十八大以来所有落马中管干部忏悔录，注重从反面教材中吸取教训。三是深入广泛征求党内意见和建议，全面掌握实际情况。起草工作启动当天，党中央向各地区各部门发出《中共中央关于对党的十八届六中全会研究加强和规范党内政治生活问题、修订〈中国共产党党内监督条例（试行）〉征求意见的通知》，广泛征求意见。起草组将收到意见和建议119份，经编辑整理成共计56万字的“意见和建议汇总本”，并专门列出问题清单和举措意见建议清单。通过以上扎扎实实的工作，这两部党规从框架方案到讨论稿，从送审稿到征求意见稿，形成相对成熟的草案。

草案在制定过程中要坚持确保党内法规内容经相关起草单位协商一致、与现行党内法规相衔接，有利于从源头上避免或减少越权制定、重复制定等无序制定现象，确保党内法规制度体系的统一性和权威性。《条例》第十七条规定，起草党内法规的部门和单位，应当就涉及其他部门和单位工作范围的事项，同有关部门和单位协商一致。经协商未能取得一致意见的，应当在报送党内法规草案时对有关情况作出说明。《条例》第十八条规定，起草党内法规，应当与现行党内法规相衔接。对同一事项，如果需要作出与现行党内法规不一致的规定，应当在草案中作出废止或者如何适用现行党内法规的规定，并在报送草案时说明情况和理由。

草案形成后，还要进一步征求党内意见，确保党规制定的民主性、开放性、科学性要求。《条例》第十九条明确规定，征求意见范围根据党内法规草案的具体内容确定，必要时在全党范围内征求意见。征求意见时应当注意听取党代表大会代表和有关专家学者的意见。与群众切身利益密切相关的党内法规草案，应当充分听取群众意见。征求意见可以采取书面形式，也可以采取座谈会、论证会、网上征询等形式。在制定《关于新形势下党内政治生活的若干准则》和《中国共产党党内监督条例》中，也充分体现这一要求。2016年8月5日，两个文件的征求意见稿再次发往各地区各部门，并向民主党派中央、全国工商联和无党派人士征求意见。至8月27日，117份各地区各部门的书面反馈材料全部返回。意见和建议共计1955条，扣除重复意见后为1582条，其中原则性意见354条、具体意见1228条。起草组本着认真研究、全面梳理、逐条斟酌、尽量吸收的原则，对两个文件稿又进行了378处修改，覆盖114个单位和党外人士的586条意见和建议，其中覆盖党外人士意见10条。反馈意见吸收率达30%。

在具体内容和形式的要求上，党内法规草案一般应包括六个基本要素：名称；制定目的和依据；适用范围；具体规范；解释机关；施行日期。另外，在向审议批准机关报送草案的同时，还要附上一个党内法规草案的制定说明，制定说明包括制定党内法规的必要性、主要内容、征求意见情况、同有关部门和单位协商情况等方面内容。在《关于新形势下党内政治生活的若干准则》和《中国共产党党内监督条例》的审议中，习近平同志受中央政治局委托向十八届六中全会就两部党规的起草的有关情况作了说明，内容涵盖了起草的几点考虑、起草的过程、起草的原则和基本框架以及需要重点说明的两个问题等。

三、党内法规草案的审批和公布

党内法规草案的审批，是指党内有权机关对已经列入审议日程的法规草案的内容和形式等进行审查、讨论，并照法定程序对草案进行表决的活动。审议是保证党内法规质量，促使党内法规制定更加科学、规范和成熟的重要环节。批准是具有决定意义的阶段，只有经过审议批准后，草案才能转变为真正发生效力的党内法规，成为全党上下一体遵行的行为规范。

《条例》第二十一条规定，审议批准机关收到党内法规草案后，交由所属负责法规工作的机构进行审核。主要审核以下内容：（一）是否同党章和党的理论、路线、方针、政策相抵触；（二）是否同宪法和法律不一致；（三）是否同上位党内法规相抵触；（四）是否与其他同位党内法规对同一事项的规定相冲突；（五）是否就涉及的重大政策措施与相关部门和单位协商；（六）是否符合制定权限和程序。对存在问题的党内法规草案，审核机构经批准可以向起草部门和单位提出修改意见。如起草部门和单位不采纳修改意见，审核机构可以向审议批准机关提出修改、缓办或者退回的建议。第二十四条规定，对于实际工作迫切需要但还不够成熟的党内法规，可先试行，在实践中完善后重新发布。

《条例》第二十二条明确了党内法规的审批权限：（一）涉及党的中央组织、中央纪律检查委员会产生、组成和职权的党内法规，以及涉及党的重大问题的党内法规，由党的全国代表大会审议批准；（二）涉及党的地方组织和基层组织产生、组成和职权的党内法规，涉及党员义务和权利方面基本制度的党内法规，以及涉及党的各方面工作基本制度的党内法规，由党的中央委员会全体会议、中央政治局会议或者中央政治局常务委员会会议审议批准；（三）应当由中央发布的其他党内法规，根据情况由中央政治局常务委员会会议审议批准，或者按规定程序报送批准；（四）中央纪律检查委员会、中央各部门发布的党内法规，由中央纪律检查委员会、中央各部门审议批准；（五）省、自治区、直辖市党委发布的党内法规，由省、自治区、直辖市党委审议批准。例如，按照第二十二条规定，《关于新形势下党内政治生活的若干准则》和《中国共产党党内监督条例》是关于加强和规范党内政治生活、加强党内监督的重大基本制度问题，由党的中央委员会全体会议审议和通过。

《条例》第二十三条对党内法规的发布程序、发布形式和公开作了明确规定。经审议批准的党内法规草案，由负责法规工作的机构核文后按规定程序报请发布。党内法规一般采用中共中央文件、中共中央办公厅文件、中央纪律检查委员会文件、中央各部门文件和省、自治区、直辖市党委文件、党委办公厅文件的形式发布。党内法规经批准后一般应当公开发布，确立了“以公开发布为原则、以不公开发布为例外”的原则。从理论上党内法规主要适用于党内党组织和党员，并不需要全部公开发布，强调一般要公开是为了党组织和党员更好地知晓、学习、遵守和适用，也为了广大群众有效进行监督。

四、党内法规和规范性文件的备案与评估

在当前世情国情党情深刻变革，党内法规制定主体多层、多元的情况下，建立健全党内法规备案审查机制，是保证党内法规和规范性文件同党章和党的理论、路线、方针、政策相一致，同宪法和法律相一致，维护党内法规制度体系的统一性和权威性的重要途径。我们党十分重视党内法规制度备案审查工作。1990年7月通过的《中国共产党党内法规制定程序暂行条例》中，就明确规定中央纪律检查委员会、中央各部门、中央军委及其总政治部和各省、自治区、直辖市党委发布的党内法规，应于发布的同时报送中央备案。1990年11月12日，中共中央办公厅又专门发出《关于党内法规备案工作有关问题的通知》，进一步明确了报备的机关、备案机关和基本报送要求。2013年《中国共产党党内法规制定条例》、《中国共产党党内法规和规范性文件备案规定》（以下简称《规定》）的制定和发布，标志着党内法规备案机制的制度化、规范化、程序化迈出坚实一步。党的十八届四中全会通过的《中共中央关于全面推进依法治国

若干重大问题的决定》，提出把所有规范性文件纳入备案审查范围，要求进一步加大党内法规备案审查力度。2015年7月，中央办公厅印发《关于建立法规、规章和规范性文件备案审查衔接联动机制的意见》，建立分工负责、双重备案联动、移交处理和提议审查、征求意见、会商协调、信息共享等机制，推动形成了互联互通互动的备案审查衔接联动工作格局。

按照当前党内法规的相关规定，备案审查的对象涵盖了所有的党内法规和特定范围内的规范性文件，按照《规定》第二条，该规定适用于中央纪律检查委员会、中央各部门和省、自治区、直辖市党委制定的党内法规和规范性文件的备案工作。本规定所称规范性文件，是指中央纪律检查委员会、中央各部门和省、自治区、直辖市党委在履行职责过程中形成的具有普遍约束力、可以反复适用的决议、决定、意见、通知等文件，包括贯彻执行中央决策部署、指导推动经济社会发展、涉及人民群众切身利益、加强和改进党的建设等方面的重要文件。下列文件不属于备案范围：(一)人事调整、内部机构设置、表彰决定方面的文件；(二)请示、报告、会议活动通知、会议纪要、领导讲话、情况通报、工作要点、工作总结；(三)机关内部工作制度和工作方案；(四)其他不具有普遍约束力、不可反复适用的文件。

按照当前党内法规的相关规定，备案审查的标准主要涵盖了政治性标准、合法性标准和合理性标准。政治性标准，在《规定》第七条一项强调不能违反党章和党的理论、路线、方针、政策，确保党规的政治方向正确，党中央的有关决策精神得到贯彻落实。合法性标准，首先在《规定》第七条二项强调不能违反宪法和法律。宪法是国家的根本大法，党必须在宪法范围内活动，所有的党内法规都必须符合宪法的条文和宪法规定的精神；法律在这里是狭义的，明确限定在全国人大及其常委会制定的法律，以确保党规与国法体系两者紧密衔接。而且在《规定》第七条三、四项和六项规定不能违反相关党内法规的实体法和程序法，强调一方面需要将党内法规体系内部各位阶规范之间是否存在相抵触、相冲突现象界定为审查的内容，确保不存在与上位党内法规和规范性文件相抵触、与其他同位党内法规与规范性文件对同一事项的规定相冲突的情况；

另一方面需要就备案的党内法规制定权限、起草、审批与发布的基本程序等为审查对象，以保障党内法规制定工作的规范化。合理性标准，在《规定》第七条五项强调需要就规定的内容是否明显不当予以审查，例如是否存在明显不公平、不合理的规定，是否显然背离当前的党规调整关系的客观状况，以保障党内法规制度本身的科学性、针对性和适用性。

应当备案的党内法规和规范性文件，自发布之日起30日内由制定机关报送中央备案，联合发布的党内法规和规范性文件由主办机关报送中央备案。具体工作由制定机关或者主办机关所属负责法规工作的机构承担。中央办公厅法规工作机构应当在收到报送备案的党内法规和规范性文件后30日内完成备案审查。审查后，根据审查中发现党内法规和规范性文件存在第七条所列问题的，中央办公厅法规工作机构经批准可以建议制定机关自行纠正，制定机关应当在30日内作出处理并反馈处理情况，逾期不作出处理的，中央办公厅提出予以纠正或者撤销的建议，报请中央决定。经审查符合备案条件的党内法规和规范性文件，由中央办公厅法规工作机构存档备查，并及时将备案情况通报报送机构，同时公布已备案的党内法规和规范性文件目录。

《条例》第三十二条规定："党内法规制定机关、起草部门和单位可以根据职权对党内法规执行情况、实施效果开展评估。"中共中央印发的《纲要》亦强调："积极开展党内法规实施后评估工作，并根据评估反馈情况及时修改完善相关党内法规。"党内法规制定后评估，指的是为提升党内法规制定质量和及时发现党内法规实施过程存在的问题，由评估主体按照一定的标准和程序，对已公布实施现行有效的党内法规的文本质量、立规价值、实施状况与效果作定性定量分析和评价的活动。与备案审查机制相比，制定后评估属于制定活动的延续，侧重于全方位评价法规制度本身的立规质量，考察实施中的实际效果，发现党内法规的操作性、执行性、实效性和存在问题，提出完善方案，有效强化管党治党的精准度与实效性，最终促进党内法规制度体系的更新优化。但从目前的实践情况来看，党内法规的立法后评估工作还处于探索阶段，应当尽快从制度层面明确党规评估的主体构成、对象选择、指标体系、方式方法以及相关程序等内容，有序开展对党内法规实施效果的评估。

第四节　党内法规的解释

党内法规解释制度是党内法规制度体系的重要组成部分，建立党内法规的解释机制，加大党内法规解释力度是加强党内法规制度建设的重要方面，而党内法规解释的科学化、制度化、规范化程度则关乎党内法规制度建设的质量。党的十八大以来，《纲要》明确提出要“做好党内法规解释工作，保证党内法规制定意图和条文含义得到准确理解”。如何更好推进党内法规解释的规范化，是一个需要加以重视的党规建设的理论与现实问题。

党内法规解释，顾名思义，是指对特定党内法规规定意义的说明。如同任何的制度，“一旦字在纸上，它便有了自己的生命”[①]。制度用语言形式表达，形成文字，是信息的载体，也是信息传播的工具。这样制度文本便具有了独立的意义，具有了被重新理解和说明的可能性。德国法学家卡尔·拉伦茨曾经指出：“解释乃是一种媒介行为，借此，解释者将他认为有疑义文字的意义，变得可以理解。”[②] 可以说，在某种程度上任何一个阅读、学习、运用特定党内法规的人都在自行解释党内法规的规定，不同的解释因主体是否有授权或者权威性的大小而效力也各不相同。其中，有些解释是由国家宣传机构、社会组织、教学科研单位及专家学者在解读文献、学术著作、教科书及报刊中所作出的，对党内法规的宣传和贯彻有重要参考价值，对于提高党员的党规意识具有重要促进作用，但是这样的解释并不具有约束力，也不能作为执行党内法规的依据。

我们认为，党内法规的解释概念应当明确限定在真正在党内政治生活中有意义的解释，由有权机关作出具有规范意义和约束力的解释。这

---

① 弗里德曼著，李琼颖译：《法律制度》，北京：中国政法大学出版社，1994年版，第16页。
② 卡尔·拉伦茨著，陈爱娥译：《法学方法论》，北京：商务印书馆，2003年版，第193页。

也和《中国共产党党内法规制定条例》第二十九条第三款的规定的要求是一致的，党内法规解释同党内法规具有同等效力。党内法规的解释是指根据党内法规赋予的职权或者党中央确定，党内法规解释机关在党内法规实施过程中，对具体应用党内法规的问题所作出的有权威的、具有普遍适用效力的解释。

一、加强党内法规的解释的重要意义

党内法规解释既是准确理解党内法规、正确实施党内法规的一个前提，也是发展党内法规的一个方式。

首先，是明确特定党内法规的准确内涵的需要。这一方面是由党内法规自身特性所决定。因为党内法规条文是对一般党员的行为、党组织的活动和党内关系运行的规定，而不是对具体的、特定的党内主体和党内关系规定的，更不可能也不应该事无巨细地将所有的问题规定于其中。党内法规大多数条款是抽象的、原则的规定，是通过高度凝练简明的语言概括繁多复杂的内容，从而决定了党内法规规定离不开必要的解释以阐明党内法规的精神，明确党内法规的制定意图，这就需要对条文的含义进行准确、具体的说明。另一方面是由党内主体的认识水平和认识能力决定的。人们的认识水平和能力总是有差别的，对同一党内法规高度简明扼要的规定认识存在分歧是自然的，不能精准认识制定本意是可能的，在适用于具体情况时存在理解不一致也是正常的，而且有些党内法规规定中有一些特定的党内法规用语，这就需要对党内法规作出解释。特别是当前有些党员对党内法规还很不熟悉，党内法规意识还比较薄弱，所以在理解和适用中就更容易出现上述问题，这就需要在加强宣传教育，普及党内法规常识的同时，注重党内法规解释的作用。

其次，是弥补党内法规条文不够完善的需要。党内法规因其抽象性和概括性，存在着对于现实中党内生活的某一问题，党内法规本应有所规定却没有针对性规定的现象，或者已经规定，但规定含义模糊不明、不精确、相互矛盾的情况。出现这样的情况，可能是因为制定机关的思想认识水平、人力、物力等历史条件的限制，在制定党内法规时难以顾及党内关系中的所有问题，难免会出现一些缺漏和不足；党内生活和关系复杂，党内法规难以穷尽列举党内关系所有表现。在可能的情况下，有必要通过探索党规的本意，进行统一的党内法规解释来明确其内涵，弥补其不足。

最后，是适应党内生活和关系变化的需要。当前正处于全面深化改革的阶段，社会关系和党内关系深刻变革，不可避免地会出现具体规定不适应社会发展的情况。新情况就必须有新的解决办法，党内法规要适应客观发展的需要，但又不能朝令夕改，或者每次修改都彻底改头换面，而必须保持党内法规的相对稳定性，这才能维护党内法规的严肃性和权威性。在一定的情况下，除了修改党规，还可以采用党内法规解释的办法，扩大或缩小原来的含义，或比照类似的调整方式，作出适应党内生活的灵活而符合党规制定初衷的解释，这样就可能既保持党内法规的稳定性，又能使党内法规适应已发展了的社会情况。

二、中国共产党党内法规解释制度

（一）党内法规解释制度实践发展

为了保证党内法规制定意图和条文内涵得到准确理解，党内法规得以统一实施，中央层级的党内法规对党内法规解释制度规定了原则性要求。

首次规定党章解释主体的党章文本，是1922年7月党的二大通过的《中国共产党章程》。该党章文本第六章“附则”第二十八条规定：“本章程修改之权，属全国代表大会，解释之权属中央执行委员会。”

1990年《中国共产党党内法规制定程序暂行条例》对党内法规的解释部门作了原则性规定，这些规定主要包括：第十一条将“主管部门或负责解释的部门”列入党内法规草案一般应包括的内容；第二十八条规定“中央发布的党内法规的解释工作，除已明确规定解释部门的外，由中央办公厅请示中央后具体承办”；关于省级党内法规的解释工作，第二十九条规定“各省、自治区、直辖市党委制定党内法规的活动，依照本条例的基本精神进行”。

2012年《中央党内法规制定条例》第二十九条专条规定党内法规解释的内容，进一步明确了党内法规的解释机关，阐明了党内法规解释的效力。第二十九条规定指出：“中央党内法规解释工作，由其规定的解释机关负责。本条例施行前发布的中央党内法规，未明确规定解释机关的，由中央办公厅请示中央后承办。中央纪律检查委员会、中央各部门和省、自治区、直辖市党委制定的党内法规由其自行解释。党内法规的解释同党内法规具有同等效力。”但是仍然没有涉及党内法规解释的方法、程序、解释文件的名称和格式等其他基本问题。

2015年7月，针对党内法规解释工作中存在的问题，中央印发第一部关于党内法规解释的规定，对党内法规解释工作进行全面规范，促进党内法规统一正确实施。按照《中国共产党党内法规解释工作规定》要求，加大解释力度，明确条文含义，推动法规制度精准实施。

在具体的党内法规解释工作中，个别党内法规解释工作部门为确保党规解释的规范化和科学性，进行了有针对性的探索。例如，中共中央纪律检查委员会为了加强党的纪律检查条规建设，保证纪律检查条规解释、答复的准确性和规范性，在1993年发布了《关于加强纪检条规解答工作的通知》。该通知对纪检条规解释的承办部门、文件名称、请示的主体、内容和程序、对请示的研究和处理、党的纪检机关与行政监察机关合署办公后有关行政监察法规政策解答工作等多个方面的问题都作了明确规定。

中纪委在党内法规的解释方面，除了高度重视纪检条规的解释，还注重通过中纪委网站以回复网友的形式进行灵活权威解读，加大了党内法规的宣传和普及力度。2014年以来，为了满足纪检和其他党务工作的实践需要，中央纪委监察部网站推出“回复选登”栏目，定期汇总发布职能部门对网友留言的办理、回复内容。开设专栏是为了更好地回应社会关切，及时解答和展示广大网友在中纪委监察部网站“留言板”提出的关于党风廉政建设和反腐败工作的意见和建议及问题咨询。所回应的问题大多是社会普遍关注，或在执纪过程中遇到的疑难问题，问题的回复大多是以中央纪委法规室回复或者中央纪委、组织部回复的形式作出。

回复形式多样，有些直接解答问题，有些列举案例以案释法；有些是对概念的界定，有些是对法条具体内容的阐释，有些是对改革举措或者部门工作任务和职责权威答疑；有些直接点出网友网名回应，有些并未直接点出网友网名等。这类解释属于咨询解答，是对相关党内法规进行详细解说，可供提问的网友或者相关单位和个人理解党内法规时参考，帮助党员和党组织对党内法规的制定原意形成共识，对相关规定内涵准确把握，在具体适用时严格把握尺度。尤其是公布带有普遍性的典型案例，以案例的方式解释党规条款，可以很快对应现实情景，围绕争议焦点充分说理、解释疑惑，界定某种行为是否违反党规、违反了哪条党规，既便于纪检机关执纪，也便于广大党员干部更好理解党规的规定，增强党章党规意识，更好用党规的尺子衡量自己的行为。这些解释不属于党内法规制度层面的直接授权作出的正式解释，但仍然具有很强的现实指导性。

（二）党内法规解释制度的主要规定

1. 党内法规解释主体

《中国共产党党内法规制定条例》要求在党内法规草案中一般应包括解释机关，中央党内法规的解释主体是“规定的解释机关”，未明确规定解释机关的，由中央办公厅请示中央后承办。中央纪律检查委员会、中央各部门和省、自治区、直辖市党委制定的党内法规由其自行解释。

在实践中，具体承担解释工作的主体有时就是党内法规的制定机关，有时则是党内法规制定机关的办事机构或其他内设机构。中央党内法规的解释主体主要有中共中央、中共中央纪律检查委员会和中共中央组织部。其中比较特殊的是党章的解释机关。党章作为党内的根本大法，其制定和修改都有特定的程序，党章的解释制度也具有一定的特殊性。在党的历史上，在中国共产党第一部党章中第六章“附则”第二十八条规定：“本章程修改之权，属全国代表大会，解释之权属中央执行委员会。”现行党章对党章的解释机关没有明确规定，在实践中中央纪律检查委员会曾对党章进行过一次解释。1996年3月5日，中纪委发布《中共中央纪律检查委员会关于对党章第四十条第一款所称的“特殊情况”如何理解的答复》，明确指出由于不断有一些地方和部门的党委、纪委和党员个人向中共中央纪律检查委员会询问，如何理解党章(1992年版)第四十条第一款“在特殊情况下，县级和县级以上各级党的委员会和纪律检查委员会有权直接决定给党员以纪律处分”规定中的“特殊情况”，中共中央纪律检查委员会就此明确列举了七种情形。

2. 党内法规解释的内容

某些党内法规条款在实施过程中需要进一步界定范围、明确含义或在具体应用中认定标准时，解释机关会主动或者应适用机关的要求，对相关条款的理解与适用作出统一、权威的解释。从内容上看，绝大多数属于党的纪律执行、干部制度方面的内容。此外，有个别解释还专门对党章个别条款的适用问题进行了答复。

从解释内容看，具体大致上可分为五类。第一类是对适用新制定的重要党规的系统解释。例如，2005年中央纪委、监察部、农业部联合发布的《关于执行〈关于对涉及农民负担案（事）件实行责任追究的暂行办法〉若干问题的解释》，针对中共中央办公厅、国务院办公厅联合发布的《关于对涉及农民负担案（事）件实行责任追究的暂行办法》在实施中的重点疑难问题而作出的系统解释。第二类是对当前一些重要的典型性违纪案例如何具体应用现行党规的解释。例如，2005年中共中央纪委法规室在《对〈关于村委会主任（党员）利用职务之便收受财物行为如何处理的请示〉的答复》中，对安徽省的《关于村委会主任（党员）利用职务之便收受财物行为如何处理的请示》和《关于村委会主任等人利用职务之便收受财物行为如何处理的请示的补充材料》中所列明的张某、王某的利用职务之便收受财物行为是适用《党纪处分条例》的第九十五条还是第一百零一条来定性处理的问题进行了厘清。第三类是中央提出新的重要精神在当前的党内法规中没有直接规定，而需要由相关的部门作出解释，实现与已有党规有机衔接。例如，2008年中央纪委印发的《国有企业领导人员违反廉洁自律“七项要求”适用〈中国共产党纪律处分条例〉若干问题的解释》就是为贯彻执行中国共产党第十七届中央纪律检查委员会第二次全体会议提出的国有企业领导人员廉洁自律“七项要求”，严肃惩处相关违纪行为而作出的有针对性的解释。解释紧扣“七项要求”的条文，参照国家有关法律法规，结合国有企业反腐倡廉工作实际，具体列举了违反各项要求行为的主要表现形式，同时注意突出实践中多发易发的违纪行为，明确了对违反各项要求进行党纪处分的依据。第四类是为防止不同党内法规要求可能冲突，使其更好彼此衔接而作出的解释。例如，2012年中纪委公布的《违反〈国有企业领导人员廉洁从业若干规定〉行为适用〈中国共产党纪律处分条例〉的解释》即属此例。第五类是对党规理解和适用中的疑问，特别是界限不明确等问题的解释。这些解释为数最多。大部分这样的解释是以条文形式体现，如中纪委2012年公布的《违规发放津贴补贴行为适用〈中国共产党纪律处分条例〉若干问题的解释》，分别对津贴的界定、违规主体的明确、违规行为的列举以及不同性质行为的界定与处理作了规定。有的以问答形式体现，如中组部2014年公布的《关于〈党政领导干部选拔任用工作条例〉若干问题的答复意见》，2005年公布的《关于〈党政领导干部选拔任用工作条例〉若干问题的答复意见》(一)(二)，就是以一问一答的形式对条例理解和适用中的重点疑难问题进行明确。

3. 党内法规解释的形式

党内法规解释的名称大致有“解释”“答复”“答复意见”“说明”四种。其中，“答复”和“解释”为主要形式，例如《机构编制违纪行为适用〈中国共产党纪律处分条例〉若干问题的解释》《中共中央纪委关于对〈关于党政机关县（处）级以上领导干部收入申报的规定〉若干问题的答复》。也有一些是以答复意见形式出现，例如《关于〈党政领导干部选拔任用工作条例〉若干问题的答复意见》。还有少数是以说明形式出现，例如《中共中央办公厅、国务院办公厅关于贯彻执行〈中共中央、国务院关于进一步制止党政机关和党政干部经商、办企业的规定〉几个问题的说明》。

第五节　党内法规的实施

党内法规的生命力在于实施，党内法规的权威也要在实施中得以体现。党内法规一经制定，就要严格遵守，坚持制度面前人人平等、执行制度没有例外，坚决维护制度的严肃性和权威性，坚决纠正有令不行、有禁不止的各种行为，才能不断增强党员干部遵纪守法的意识，使党内法规真正成为党员、干部的硬约束。中共中央《关于加强党内法规制度建设的意见》围绕“形成高效的党内法规制度实施体系”目标，从坚持以上率下、加强学习教育、强化监督检查、加强备案审查等四个方面，针对提高党内法规制度执行力提出明确要求、作出部署安排，以切实提高党内法规制度的执行力。

一、加强党内法规实施的重要意义

党的十八大以来，大部分党员干部对党内法规制度能做到自觉学习、带头遵守、严格执行，党内法规在党内政治生活中体现了较强的执行力，长期制约党的纪律实施的一些突出问题得到极大的缓解，基本做到了政令畅通、令行禁止，管党治党呈现出新的局面，人民群众对从严治党成效的满意度持续提升，全面从严治党的常态化机制逐渐形成。但也要清醒地看到，由于诸多因素的影响，在一些地方和单位、一些党员干部中，党章党规的意识比较淡薄，遵规守纪的自觉尚未形成，党内法规制度执行状况仍不容乐观。习近平同志曾经严肃指出：“现实生活中，组织不执行法规制度、个人不遵守法规制度的现象比比皆是。有的法规制度意识淡薄，没有养成按照法规制度办事的习惯；有的对法规制度阳奉阴违，搞‘上有政策、下有对策’；有的对法规制度采取实用主义态度，合意的就执行，不合意的就不执行；有的甚至根本没有把法规制度放在眼里，为所欲为、独断专行，将个人凌驾于法规制度之上，使法规制度形同虚设。”立规不易，执行更难；一分部署，九分落实。正如习近平同志所指出的：“诚然，我们的制度体系还要完善，但当前突出的问题在于很多制度没有得到严格执行。”“如果现有的制度执行不好，再搞新的制度也是白搭。”而一些统计数字也佐证了这一判断。据中国人民大学法治评估研究中心2015年研究报告提供的数据，人们对党内法规的完善性的评价是70.7分，对执行力的评价是67.1分。中央有关部门的一项调查研究表明，党员干部认为党内法规制度的制定和执行都很紧迫的约占41%，认为制定更为紧迫的约占11%，认为执行更为紧迫的约占47%。

贯彻执行法规制度，关键在真抓，靠的是严管。一方面，我们党的党内法规是自觉的党内法规，主要靠党员的觉悟、对党的忠诚来维护。党内法规的执行之所以具有这种自觉性，是因为无产阶级政党是用马克思列宁主义武装起来的、由无产阶级的先进分子组成的、按照科学的民主集中制原则组织起来的政党。共产党员不仅有高度的政治觉悟和献身精神，在工作和社会生活中自觉发挥先锋模范作用，对党的事业无限忠诚，为人民的利益无私奉献，而且还有自觉的铁的纪律作为保障。刘少奇在《论党》中指出："共产党的纪律，是建筑在自觉基础上的，不可以把党的纪律变成机械的纪律，变成限制党员自觉性与创造精神的所谓'纪律'。"党员都是基于对党的奋斗目标高度认同而具有共同的信仰、共同的理想，自觉践行共同的宗旨，自觉履行共同的义务。以党的纪律为保障的党内法规也同样有自觉性的特征，它的约束力不仅表现在组织的强制约束力，而且更是来源于广大党员的自我约束。一个真正的共产党员，能够按照民主集中制度的要求，正确理解和处理个人与组织、权利与义务的辩证统一关系，把遵循党内法规视为对党应尽的义务，视为对党中央集中统一领导的自觉服从。要进一步通过教育，增强党员干部遵守党内法规的自觉性，使接受党内法规约束成为一种习惯，并把习惯内化为行动自觉。

另一方面，党内法规反映党的整体意志，也是铁的纪律，必须无条件遵守。各级党组织和党员、干部在任何情况下，都必须严格遵守、自觉维护党内法规，始终保持心有所畏、言有所戒、行有所止。坚持制度治党，很重要的是要严明党的纪律和规矩，保证党的团结统一和行动一致，保证党的决定得到迅速有效的贯彻执行。习近平同志多次强调："我们党是靠革命理想和铁的纪律组织起来的马克思主义政党，纪律严明是党的光荣传统和独特优势。""如果党规党纪成了摆设，就会形成'破窗效应'，使党的章程、原则、制度、部署丧失严肃性和权威性，党就会沦为各取所需、自行其是的'私人俱乐部'。"

二、加强党内法规教育

党员干部自觉遵守党内法规是党内法规得以实施的最重要的心理基础，也是党内法规的生命力之源，必须把加强党内法规教育、培育党员干部党规党纪意识作为根本。只有真正把党内法规内化于心，形成稳定、坚强、有力、可持续的自觉守规意识意愿，让它成为一种党员内心遵守的行为规范，才能真正让法规发挥其作用。党员有学习的义务和权利，习近平同志指出："现在有很多规定了，但是贯彻不力，首先就是'认认真真'做得不够，所以现在学党章、学党内法规，要好好学，领导干部本身怎么示范、怎么起带头模范作用、怎么抓贯彻，自己得学好。"全体党员特别是领导干部，不仅要全面理解、准确把握党内法规的基本精神、原则要求、重要内容、基本要求，而且要结合自己的工作、思想、社会生活的实际情况，对相关的党内法规重点学习，才可能将党规各项要求内化于心，自觉遵守和运用这些党内法规，转化为投身工作实践、履行岗位职责的实际行动。全体党员要按照党内法规的要求统一思想、规范言行，与中央保持高度一致，自觉维护以习近平同志为核心的党中央的权威和集中统一领导，确保党的大政方针的贯彻落实。

加强党内法规执行力，要增强党内法规教育针对性和有效性，明规矩于前、守规矩于后，使党内法规真正成为党员干部的日常习惯和自觉遵循。教育是解决思想问题的有效手段，开展党内法规教育是各级党组织的重要政治任务和政治责任。毛泽东曾明确指出："在每一行动前，必须向党员和群众讲明我们按情况规定的政策。否则党员和群众就会脱离我们政策的领导而盲目行动，执行错误的政策。"邓小平同志指出："用大搞群众运动的办法，而不是用透彻说理、从容讨论的办法，去解决群众性的思想教育问题……从来都是不成功的。"习近平同志强调："要加强对党员、干部特别是领导干部的教育，让大家都明白哪些事情能做、哪些事情不能做，哪些事情该这样做、哪些事情该那样做，自觉按原则、按规矩办事。"

在党内法规教育中，要坚持集中教育和常规教育相统一，实现党内法规教育的常态化、制度化。党的十八大以来，党中央高度重视党内法规教育，从党内法规宣传教育入手，在普及党内法规教育方面采取了许多措施。无论党的群众路线教育实践活动，还是“三严三实”专题教育、“两学一做”学习教育，无不把党内法规作为重要内容，无不把党员领导干部作为重点，推动党章党规党纪入脑入心。在此基础上，各级党组织要开展经常性党内法规教育，采取集中培训、专题学习等方式，做到把党内法规教育与开展“不忘初心、牢记使命”主题教育、推进“两学一做”学习教育常态化、制度化结合，把党内法规学习教育落实在党内政治生活的各方面，创造条件让党员干部认认真真学、原原本本学、深入系统学、结合实际学，让党员领导干部不断增强率先遵守党纪党规意识，依法行政，秉公用权，自觉养成依纪依规依法想问题、做决策、办事情的习惯，在日常工作中和推进改革不跨法律红线、不越党规底线。各级党委（党组）要把党章党规党纪教育作为党委（党组）理论学习中心组的必修课，制定本单位具体教育计划措施，教育引导各级领导干部心中有戒，主动在思想上划出红线、在行为上明确界限。党组织书记要承担起第一责任人的责任，从严从实抓好经常性党内法规教育。基层党组织要按照党章要求发挥教育主阵地的作用，组织党员认真学习习近平新时代中国特色社会主义思想，推进“两学一做”学习教育常态化、制度化，让党内法规从“禁令”走向“自觉”，全体党员做到知敬畏、存戒惧、守底线。

在党内法规教育中，要坚持正面引导和反面警示相统一，通过从正反两方面发力，增强党内法规教育整体效果。通过正面教育，发挥先进典型的引领作用，让党员干部学有榜样、行有示范、赶有目标。做好反面案例剖析，发挥反面教材惩前毖后、治病救人的作用。凡查结的党员领导干部违纪违法案件，都要在本地区本部门本单位开展警示教育，召开专题民主生活会，举一反三、以案明纪，让更多的党员干部坚守党性原则和做人操守，时刻绷紧党内法规这根弦。每位共产党员要自觉地不断接受党组织的教育和培养，加强党性锻炼，形成自觉的党内法规意识。

在党内法规教育中，要改进宣传教育方式，各级各部门要从多角度、多层次、全方位宣传党纪党规党法。要善于运用信息网络，对党内法规所需要学习教育的丰富内容、海量信息，按照每一级的要求、每个单位的工作职责和任务上的特点，进行适当取舍、科学编排和科学设计，用动漫和多媒体等轻松新颖、新鲜形象的方法手段呈现出来，增强教育的吸引力和感染力，提升教育效果。要加强经常性教育把系统学习教育细分，逐个破题，分类聚焦，采取大教育小专题、多交流少灌输、长时间短时段等做法，增强教育的灵活性、多样性、针对性，切实让党员干部及时了解党纪党规党法的主要内容和基本精神。这样才能让学习教育增强感染力和穿透力，让党员印象深刻。总之，要通过生动活泼、润物细无声的多途径、渗透式的教育方式，大力营造浓郁的学习氛围，让党员不受时间、空间和个体差异的限制，深入理解党章党规核心要义，并在内心形成党内法规确信，因而自愿自觉地遵守和尊重党内法规各项要求。

三、强化党内法规的执行力

强化党内法规执行，要做到有规可依。“良法是善治的前提”，党内法规自身必须具备普遍性、公开性、明确性、一致性、可行性、稳定性等。目前以“1+4”为基本框架的立体化、多层次的党内法规制度体系已经基本建立起来，即在党章之下分为党的组织法规制度、党的领导法规制度、党的自身建设法规制度、党的监督保障法规制度的制度框架基本成形。但是还需进一步增强立规的科学性、民主性、规范性和体系性，提升党内法规制度体系的前瞻性、科学性和系统性。例如，要加大党内法规制定工作的民主性和公开性，党员可以以直接或间接的方式参与党内法规的制定，使得党内法规真实反映党员主体的诉求、真正科学集中全党意志，这样党内法规才具有广泛的党内基础，也才能使得所有党员具有自觉执行的主动性，从源头上保障党内法规贯彻的有效性。

强化党内法规执行，要做到有规必依。党的十八大以来，一部部制定修订出台的党内法规立起了管党治党的制度藩篱，全面从严治党的制度笼子越扎越紧。但是各项党内法规在党内不能自动运行，如果有规不依、有纪不执，合意的执行、不合意的就不执行，党内法规就没有威慑力，成为纸老虎或是没有带电的高压线。要严格按照《中国共产党党内监督条例》《中国共产党纪律处分条例》《中国共产党问责条例》等等，强化党委管党治党的主体责任，加强对党规负责实施的保障，否则会使党的章程、原则、制度、部署丧失严肃性和权威性，造成纪律松弛、组织涣散的问题。

强化党内法规执行，要做到执纪必严。做到严肃查纠违反党内法规的行为，加强对中央决策部署贯彻执行情况的监督检查，坚决维护党的集中统一，确保政令畅通。习近平同志指出："不讲责任，不追究责任，再好的制度也会成为纸老虎、稻草人。""很多情况没有监督，违反了也没有任何处理。这样搞，谁会把制度当回事呢？"党的十八大以来，党中央把守纪律、讲规矩摆在更加突出的位置，反复强调要严格按规则和程序办事，敬法畏纪、遵规守矩。习近平同志在严明党的政治纪律和政治规矩上指出，"要从遵守和维护党章入手"，"决不允许'上有政策、下有对策'，决不允许有令不行、有禁不止，决不允许在贯彻执行中央决策部署上打折扣、做选择、搞变通"；在严明党的组织纪律上强调，要"切实遵守组织制度"，"民主集中制、党内组织生活制度等党的组织制度都非常重要，必须严格执行"；在严明党的廉政纪律上提出，"要坚持自重、自省、自警、自励，带头遵守廉洁自律各项规定""把权力关进制度的笼子里，形成不敢腐的惩戒机制、不能腐的防范机制、不易腐的保障机制，让制度刚性运行"；在严明党的工作纪律上提出，要"厉行工作规程"，遵守"党在长期实践中形成的优良传统和工作惯例"；在严明党的生活纪律上提出，要"管好自己的生活圈、交往圈、娱乐圈"。

强化党内法规的执行，要做到违纪必究。始终坚持党内法规面前一律平等，遵守党内法规没有特权，违规处分没有例外，发现一起查处一起，严肃问责追责，查处和曝光典型案件，形成不敢违反的高压态势。周永康、薄熙来、郭伯雄、徐才厚、孙政才、令计划等高级领导干部被查处，向全党庄严宣示了党内决不允许存在不受党内法规约束的特殊组织和特殊党员，不管是谁，只要触碰了党内法规的红线，都要以"零容忍"的态度，决不放过、决不姑息。

强化党内法规执行，要加强日常监督。党的十八大以来，党内法规建设的重要实践成果之一是监督执纪“四种形态”，要求经常开展批评和自我批评、约谈函询，让“红红脸、出出汗”成为常态；党纪轻处分、组织调整成为违纪处理的大多数；党纪重处分、重大职务调整的成为少数；严重违纪涉嫌违法立案审查的成为极少数。这样改变了过去党规执行中纪法不分，要不就是“好同志”要不就是“阶下囚”，缺乏纪法之间中间地带的问题，要求在处理各类违纪行为中根据问题性质与情节恰当运用批评教育、诫勉谈话、轻处分和组织调整、重处分和重大职务调整、移送司法机关依法处理等方式。这就为把党内法规挺在法律前面提供了具体路径，实现了由“惩治极少数”向“管住大多数”的转变，体现了惩前毖后、治病救人的原则，实现了“严管”与“厚爱”相结合，有效避免了干部突破层层防线，从违规走向违纪、从违纪走向违法。要把自上而下的组织监督、自下而上的民主监督、纪检机关的专责监督、无处不在的社会监督紧密结合起来，上下互动、内外联动，形成监督党内法规实施的强大社会环境。要打造一支忠诚、干净、业务精通的纪检监察干部队伍，注重严守政治纪律、组织纪律、廉政纪律、保密纪律等，严格办案程序、严格执纪问责。

强化党内法规执行，要发挥领导干部的表率作用。善禁者，先禁其身而后人。风成于上，俗化于下。党的各级领导干部处在党和国家的各级领导岗位上，手中都掌握着一定的权力，他们的政治品质、知识水平、道德威望、党章党规意识直接影响到一个单位、一个地区党员的规矩意识的发展。所以，在提高全党的规矩意识时，必须首先提高领导干部的党章党规意识。这就要求党员领导干部自觉学习党内法规的各项要求，不仅在遵守党规方面要时时以身作则、事事率先垂范，产生强大示范效应，而且对于违纪问题，要敢抓敢管，不能隐瞒、简化、变通，要带头维护党纪党规严肃性。通过各级干部的层层示范、层层带动，上级带下级、班长带队伍，形成上行下效、整体联动的总体效应。

强化党内法规执行，要切实履职尽责。严明党内法规是全党的共同任务，党的各级组织要担负起执行和维护党内法规的主体责任，忠实履职、坚守责任担当；纪检监察机关要切实担负起维护党纪的政治责任，敢于监督、敢于负责、不怕得罪人，对不守党内法规、不讲规矩的要严肃处理。党的各级组织和党内法规检查机关可以专门组织开展专项督查、定期督查，通过明察暗访督促加强对严明党内法规学习和执行情况的监督、检查和问责，切实把党员干部掌握、熟悉、遵守、运用党纪党规党法的情况，作为综合目标管理、党员干部考核考察的重要评价依据，做到查处问责及时、责任追究到位、问责执罚到人、惩治落实到底，形成提升执行效果的倒逼机制，切实维护党内法规的严肃性。

强化党内法规执行，要不断优化制度环境。蓬生麻中，不扶自直；白沙在涅，与之俱黑。一项好的制度要得到贯彻落实，势必会受到一系列与政治、经济和文化相关的法律、法规和习俗的影响，因此制度的贯彻落实除了要具备自身的科学性和可执行性等条件外，还要受到整体制度环境的影响和制约。党内法规作为党内的制度规范，需要良好的党内外制度环境作保障，才能保证党内法规的贯彻落实，使得党内法规的各项制度获得持续运行与落实的动力和活力。

第五章　党内法规体系

第一节　党的十八大以来党内法规的建设

治国必先治党，治党务必从严，从严必依法度。加强党内法规制度建设是全面从严治党的长远之策、根本之策。党的十八届四中全会通过的《中共中央关于全面推进依法治国若干重大问题的决定》提出“中国特色社会主义法治体系”的概念，指出这包括“完备的法律规范体系、高效的法治实施体系、严密的法治监督体系、有力的法治保障体系，形成完善的党内法规体系”。党的十八大以来，以习近平同志为核心的党中央从统揽“四个伟大”的战略高度，大力推进党内法规制度建设，将之作为事关党长期执政和国家长治久安的重大战略任务，坚持依法治国与制度治党、依规治党统筹推进、一体建设，党内法规制度建设取得全方位成就。

一、党的十八以来党内法规建设的概况

（一）规范开展法规清理工作

党的十八大前后，中央首次开展党内法规和规范性文件集中清理工作。集中清理工作由中央办公厅牵头组织实施，中央纪委机关、中央组织部、中央宣传部、中央统战部等50多个中央和国家机关共同参与，前后历时两年。通过对新中国成立至2012年6月期间出台的2.3万多件中央文件进行全面筛查，共梳理出规范党组织工作、活动和党员行为的党内法规和规范性文件1178件。经过清理，废止322件，宣布失效369件，二者共占58.7%；继续有效487件，其中42件需适时进行修改。通过清理，摸清了中央党内法规制度的家底，一揽子解决了党内法规制度中存在的

不适应、不协调、不衔接、不一致问题，有力维护了党内法规制度的协调统一，有利于党内法规制度的遵守和执行。

（二）加强党内法规工作的顶层设计

2013年11月，中央出台《中央党内法规制定工作五年规划纲要（2013—2017年）》，对之后五年中央党内法规制定工作进行了部署，对党内法规建设进行了统筹规划、顶层设计，为形成完善的党内法规体系奠定了良好基础。这是我们党历史上第一次编制党内法规制定工作五年规划，也是加强党的制度建设的战略工程。

2013年12月，中央印发《建立健全惩治和预防腐败体系2013—2017年工作规划》，从三个方面提出加强反腐倡廉法制建设：一是健全改进作风常态化制度；二是完善反腐倡廉党内法规；三是健全和完善惩治和预防腐败方面的立法，研究完善惩治贪污贿赂和渎职侵权犯罪、规范国家工作人员从政行为方面的法律规定。

2017年6月，中央印发《关于加强党内法规制度建设的意见》，从指导思想、总体目标、加快构建完善的党内法规制度体系、提高党内法规制度执行力、加强组织领导等方面，对加强新形势下党内法规制度建设提出明确要求、作出统筹部署。该意见提出，到建党100周年时，形成比较完善的党内法规制度体系、高效的党内法规制度实施体系、有力的党内法规制度建设保障体系，党依据党内法规管党治党的能力和水平显著提高。党内法规制度体系是以党章为根本，以民主集中制为核心，以准则、条例等中央党内法规为主干，由各领域各层级党内法规制度组成的有机统一整体。要坚持目标导向和问题导向，按照“规范主体、规范行为、规范监督”相统筹相协调原则，完善以“1+4”为基本框架的党内法规制度体系，即在党章之下分为党的组织法规制度、党的领导法规制度、党的自身建设法规制度、党的监督保障法规制度四大板块。完善党的组织法规制度，全面规范党的各级各类组织的产生和职责，夯实管党治党、治国理政的组织制度基础。完善党的领导法规制度，加强和改进党对各方面工作的领导，为党发挥总揽全局、协调各方领导核心作用提供制度保证。完善党的自身建设法规制度，加强党的思想建设、组织建设、作风建设、反腐倡廉建设，深化党的建设制度改革，增强党的创造力、凝聚力、战斗力。完善党的监督保障法规制度，切实规范对党组织工作、活动和党员行为的监督、考核、奖惩、保障等，确保行使好党和人民赋予的权力。

（三）基本形成党内法规制度体系框架

党的十八大之后，党内法规建设大大提速，为贯彻以习近平同志为核心的党中央坚定推进全面从严治党的部署要求，坚定不移维护以习近平同志为核心的党中央的权威和集中统一领导，统筹推进“五位一体”总体布局和协调推进“四个全面”战略布局等提供了坚强的制度保障。党的十八大期间，为适应全面从严治党新任务，制定修订92部中央党内法规，包括2部准则、14部条例，占195部现行有效中央党内法规的近50%，制定党内法规数量之多、速度之快、质量之高、执行效力之强都是前所未有的，为推动全面从严治党向纵深发展提供了有力的方向指引和制度保障。截至2017年底，全党共有党内法规3843部，其中中央党内法规195部，部委党内法规236部，地方党内法规3412部。这3843部法规，包括党章1部，党的组织法规205部，党的领导法规949部，党的自身建设法规1329部，党的监督保障法规1359部。①

出台了一大批标志性、关键性、引领性的党内法规，日益扎紧党纪党规的笼子，不断夯实从严治党之基。这些党内法规从党的政治建设、思想建设、组织建设、作风建设、纪律建设等不同方面，使得政党权力运行更为制度化、规范化、民主化，使各级党组织的工作、活动和广大党员的行为更加规范、有序。例如，2016年1月的《中国共产党地方委员会工作条例》规定了地方党委发挥领导核心作用的途径和方式，进一步完善了以民主集中制为核心的地方党委工作制度体系，提升了地方党委运行的制度化、规范化、程序化。2015年6月的《中国共产党党组工作条例（试行）》填补了党内法规空白，使党组的行为边界更为清晰、权利责任更加明确，确保了党组在开展活动时“有规可依”，提高了党组工作的制

① 《中国法治实施报告（2017）》，北京：人民法院出版社，2018年版，第435页。

度化、规范化、程序化水平。2015年8月，出台新的《中国共产党巡视工作条例》并于2017年7月进行了修改，明确了责任主体、强化了问责条款，改进了巡视工作领导体制，为深化政治巡视，构建巡视工作责任体系，发挥全面从严治党的党内监督的利剑作用提供了制度支撑。2015年10月，中共中央印发《中国共产党廉洁自律准则》，树立了道德高线，为党员和党员干部树立了看得见、摸得着的高标准，展现了共产党人的高尚道德情操。2015年10月的《中国共产党纪律处分条例》明确了党内纪律，划出了党组织和党员不可触碰的纪律底线，坚决防止和纠正执行纪律宽松软的问题。2016年7月的《中国共产党问责条例》形成有权必有责、用权必担责、滥权必追责的制度安排，体现了全面从严治党要细化落实责任、层层传导压力的鲜明态度；同时，突出强调问责重点是主要负责人，突出了“关键少数”，一把手这个“关键少数中的关键少数”更成为了问责的重中之重。2014年1月的《党政领导干部选拔任用工作条例》进一步凸显出“党管干部”这个首要原则，为新时期做好干部选拔任用工作提供基本遵循，为选拔任用好干部提供制度保证。2015年7月的《推进领导干部能上能下若干规定（试行）》和2016年8月的《关于防止干部“带病提拔”的意见》，在选人用人配套制度建设方面，匡正用人上的不良风气，纠正用人上的种种偏向，推动形成能者上、庸者下、劣者汰的用人机制。2015年10月的《干部教育培训工作条例（试行）》回应了建设高素质干部队伍的现实需要，有效推进干部教育培训工作科学化、制度化、规范化建设。这些党内法规以党章为根本遵循，本着于法周延、于事有效的原则，使得党内法规体系不断健全。同时，注重中央部委和有关地方党委的配套党规的建设，发挥这些党规具体针对性强、操作性强的特点，以确保适应不同部门、不同地方不断推进党的建设和党的工作实践。

注重实现各项党内法规制度间的衔接配合，发挥整体效能。各项不同内容的党内法规必须协调有序，确保必备规范一应俱全、相关规范相互匹配、相邻规范环环紧扣，这样才能避免出现制度短板和制度短路问题。党内法规体系化在建设中注意对相关联的党内法规制度修订的彼此配套，在纪律检查领域的党规建设尤其凸显了这一特点。纪律检查包括监督、执纪和问责三个主要方面，监督、执纪、问责相互联系、相互促进，三者联动形成了从发现问题到执行纪律再到责任追究的完整链条。党的十八大之后相继修订《中国共产党纪律处分条例》和《中国共产党问责条例》，围绕党纪戒尺要求，划出了党组织和党员不可触碰的底线，同时也强化担当精神，突出管党治党政治责任。十八届六中全会修订的《中国共产党党内监督条例》有机嵌入已有的制度体系，围绕理论、思想、制度构建体系，围绕权力、责任、担当设计制度，体现了有权必有责、有责要担当，用权受监督、失责必追究的理念。

（四）进一步完善党内法规工作机制

党的十八届四中全会提出完善党内法规制定体制机制，提高党内法规执行力，运用党内法规把党要管党、从严治党落到实处，促进党员、干部带头遵守国家法律法规。十八大以来，党内法规的制定机制不断发展，健全了党内法规制定机构与党内党外的沟通机制和党内法规制定工作的统筹协调机制。形成了中央书记处定期听取党内法规工作情况报告制度。从2015年开始，中央书记处每年听取中央办公厅报告上年度全国党内法规工作情况和下年度工作安排，并作为一项制度正式确立下来，这在党的历史上是第一次。建立了中央党内法规工作联席会议制度。按照中央要求，中央书记处协调建立了由中央办公厅牵头，中央纪委机关、中央组织部等13家成员单位参加的中央党内法规工作联席会议制度，标志着党内法规制度建设搭建起跨部门的会商协作机制。中央党内法规工作联席会议在中央书记处领导下开展工作，主要职责是研究中央党内法规制定工作规划和年度工作计划、统筹协调综合性中央党内法规制定工作、推动已出台中央党内法规的贯彻实施等。2015年7月，中央办公厅印发《关于建立法规、规章和规范性文件备案审查衔接联动机制的意见》，建立分工负责、双重备案联动、移交处理和提议审查、征求意见、会商协调、信息共享等机制，推动形成了互联互通互动的备案审查衔接联动工作格局。通过工作机制的不断完善，搭建出一个统一、权威、高效的跨部门会商协作机制，有利于统筹推进中央党内法规建设各项工作，汇聚各方面智慧和力量，提高党内法规制定质量，推动党内法规的实施和执行。

（五）显著提高党内法规执行力

从严治党，最根本的就是要使全党各级组织和全体党员、干部自觉都按照党章和党的各项党内法规规定办事。党的十八大以来，中央开展一系列集中教育，都要求全党加强党规党纪意识，尤其是提出“两学一做”学习教育常态化、制度化的要求，明确要求党员领导干部深入学习党章党规党纪，全面熟悉了解党的各项规章制度、各种纪律要求，准确把握具体内容、最新要求等。通过深入学习党章党规，党员干部不断强化党章意识和规矩意识，自觉成为党章党规的主动学习者、坚定执行者、忠实捍卫者。党中央高度重视制度执行，坚持有规必依、执规必严、违规必究。抓住领导干部这个重点，加大对“关键少数”的监督。领导干部不论职务多高、资历多深、贡献多大，都要严格按法规制度办事，坚持法规制度面前人人平等、遵守法规制度没有特权、执行法规制度没有例外。越是领导干部、越是主要领导干部，越要自觉增强法规制度意识，以身作则、以上率下，尤其要善于依法依规谋事、依法依规管人、依法依规用权，自觉维护法规制度的严肃性和权威性。《十八届中央纪律检查委员会向中国共产党第十九次全国代表大会的工作报告》披露，党的十八大期间，经党中央批准立案审查的省军级以上领导干部及其他中管干部440多人，其中十八届中央委员、候补委员43人，中央纪委委员9人；全国纪检监察机关共接受信访举报1218.6万件（次），处置问题线索267.4万件，立案154.5万件，处分153.7万人，其中厅局级干部8900余人，县处级干部6.3万人，涉嫌犯罪被移送司法机关处理5.8万人。习近平同志指出：“坚持有责必问、问责必严，把监督检查、目标考核、责任追究有机结合起来，形成法规制度执行强大推动力。”充分发挥包括党委党组全面监督、纪律检查机关专责监督、党的工作部门职能监督、党的基层组织日常监督、党员民主监督在内的党内监督体系的功能和作用。通过巡视全覆盖、派驻全覆盖等从严治党利器，定期对落实党内法规的情况进行检查分析，及时发现和纠正党内法规执行中的偏差，坚决防止宽松软问题，督促各级党组织按制度规范和工作程序严肃工作纪律，确保党内法规良性运行，用监督制度的刚性保障党内法规的落实。

二、党的十八大后党内法规建设的经验

（一）坚持思想建党与制度治党的原则

思想建党、制度治党，是我们党近百年来不断加强自身建设的历史经验结晶。习近平同志指出，“新形势下从严治党要坚持思想建党和制度治党紧密结合”，“从严治党靠教育，也靠制度，二者一柔一刚，要同向发力、同时发力”。习近平同志提出把二者紧密结合起来，体现了无产阶级政党建设的基本要求，总结了中国共产党建设的经验，反映了新时代的新要求，具有重大指导意义。思想建党是制度治党的前提和基础，它规定着制度建设的方向和本质，是解答建设什么样的党、怎样建设党、怎样加强党的长期执政能力建设、党的先进性和纯洁性建设等重大问题的前提，对制度的制定、执行和保证至关重要；制度治党是思想建党的支撑和保障，“没有规矩，不成方圆”，必须把思想建党的要求落实到制度上，坚持以严的标准要求干部、以严的措施管理干部、以严的纪律约束干部，才能真正让党员干部心有所畏、言有所戒、行有所止，有效规范权力，切实改变作风。强调思想建党与制度治党相结合，就是要在马克思主义党建理论指导下，以思想建设和思想教育明确党的建设方向，把坚定理想信念作为根本任务，提高广大党员干部的思想政治觉悟；以系统、科学的制度巩固教育成果，保证党建方向的始终正确，各项党建举措的落实，有效规范权力运行，防止滥用权力行为和各种不正之风。

（二）坚持以党章为根本遵循

党章是党的根本大法，是管党治党的总章程。在党内法规制度体系中，党章具有最高效力等级，准则、条例和规则、规定、办法、细则等其他党内法规制度都是党章相关内容的细化，都能在党章中找到直接或者间接依据。习近平同志在《认真学习党章　严格遵守党章》中鲜明指出，党章就是党的根本大法，是全党必须遵循的总规矩。建立健全党内制度体系，要以党章为根本依据；判断各级党组织和党员、干部的表现，要以党章为基本标准；解决党内矛盾，要以党章为根本规则。党的十八大以来，党内法规的制定工作始终坚持从党章出发，以党章为根本依据的

重要原则，做到始终尊崇党章、贯彻党章、维护党章。通过的各项准则和条例，无不开宗明义，在“总则”或者“指导思想”部分鲜明提出以党章为根本遵循，在内容中全面贯彻党章精神和党章规定，将党章各项要求特别是将党章修正案的新规定新要求具体化和系统化，切实维护党章的权威和严肃性。推进党内法规制度体系建设，必须始终以党章为根本依据、以民主集中制为核心，牢固树立政治意识、大局意识、核心意识、看齐意识，坚持正确政治方向，坚决维护以习近平同志为核心的党中央权威和集中统一领导，确保党的领导更加坚强、党的执政地位更加巩固。

（三）坚持政治建设为统领

在推进党内法规建设时必须提高政治站位，以政治建设为统领，牢固树立“四个意识”，自觉站稳政治立场、把握政治方向、牢记政治使命、坚持政治观点，把讲政治要求落实到建设工作全过程，把政治性要求贯彻到党内法规制度安排各方面，确保制定出台的党内法规有利于全面从严治党、保持党的先进性和纯洁性，有利于确保党总揽全局、协调各方作用的充分发挥，有利于维护以习近平同志为核心的党中央权威和集中统一领导，有利于巩固党的长期执政地位。

（四）坚持继承与创新相结合

十八大以来，党内法规建设的一个重要特点就是既坚持过去行之有效的制度和规定，又结合新的时代特点，不断与时俱进。比如，2015年修订的《中国共产党地方委员会工作条例》，就是在保留原条例基本框架和主要原则的基础上，针对新情况新问题作出新规定。在始终强调地方党委核心领导地位与作用的同时，坚持问题导向和改革精神，突出地方党委全面从严治党的政治责任，完善了地方党委的运行机制。推进党内法规制度体系建设，必须深入贯彻党的十八大以来以习近平同志为核心的党中央治国理政新理念新思想新战略，对党中央推进全面从严治党的新经验新举措进行集中梳理与整合。在理论创新、实践创新基础上实现制度创新，形成全面从严治党新的制度安排，大力推进工作理念、思路和方法创新。同时，要认真总结我们党在管党治党实践中的经验教训，继承和发扬我们党在长期实践中形成的优良传统、工作惯例和制度安排，在新的历史起点上，谨慎推进党规建设。

（五）坚持问题导向

党内法规的制定是为了解决党内存在的问题，十八大以来党内法规制度建设的一个重要特点是针对问题有的放矢推进。在制定党内法规中，党中央清醒认识党面临的“四大考验”的长期性和复杂性、“四种危险”的尖锐性和严峻性，直面人民群众反映强烈、弱化党的领导、损害党的先进性和纯洁性的问题，聚焦党内存在的思想不纯、组织不纯、作风不纯等突出问题，发挥制度的治本作用，抓紧制定实践亟须、条件成熟、务实管用的法规制度，堵塞制度漏洞，夯实党长期执政的基础。问题具有时代性，习近平同志在十八届中纪委第七次全会上指出：“要坚持查找问题和深化改革相统一。要从问题入手，抽丝剥茧，查找根源，深化改革，破立并举，与时俱进推进制度创新，攻克体制机制的痼疾，确保公权力在正确轨道上运行。”问题具有针对性，体现为具体发现什么问题就解决什么问题，什么问题突出就重点解决什么问题，不是机械要求党内法规制度安排平均用力、面面俱到，而是要善于运用矛盾分析方法，确定不同领域的主要矛盾和矛盾的主要方面，聚焦人民群众反映强烈的突出问题，以改革创新精神着力破解制约全面从严治党的体制性障碍。例如在作风建设的党规制度中，要特别注重反“四风”方面的制度建设。习近平同志指出：“党内作风问题表现多样、成因复杂，有主要矛盾和矛盾的主要方面，也有次要矛盾和矛盾的次要方面。解决问题就要抓住主要矛盾和矛盾的主要方面。形式主义、官僚主义、享乐主义和奢靡之风是作风问题的集中表现，要作为主要矛盾和矛盾的主要方面来解决。”

（六）坚持探索在前、总结在后

习近平同志指出，要把实践中行之有效的做法和经验用法规制度的形式固化下来、坚持下去，实现党内法规的与时俱进，这深刻揭示了制度源于实践，探索在前、总结在后的内在规律。推进党内法规制度体系建设，必须遵循探索在前、实践在先，给制度培育及规则的生成、作用提供时间，再以党内法规的形式固化下来；哪些制度经过实践检验是好的，必须长期坚持；哪些制度不适应实践需要，要结合新的情况继续完善。

要鼓励基层试点，对于一些暂不适宜全面施行的重大制度设计，可以授权一些地方开展试点。鼓励有关地方党委先行先试、积极探索，为依规管党治党提供更多基层实践样本，并通过总结地方经验，不断调整，形成普遍适用的党内法规。

（七）坚持立改废释并举

构建完善的党内法规制度体系是一个系统工程，需要协同推进立改废释工作，坚持科学立规、民主立规、依法立规，着力提高党内法规质量。要统筹“立”规，着眼于到建党100周年时形成比较完善的党内法规制度体系，以新编制的《中央党内法规制定工作第二个五年规划（2018—2022年）》为依据，按照轻重缓急进行分类梳理，确定重点制定项目，增强立规工作的系统性和前瞻性。要及时“改”规，根据党的建设实践的发展变化，及时修改完善那些不适应新形势新要求的法规制度，对相关联的党内法规制度探索开展一揽子修订、单部法规全面修订、部分条文个别修订等方式，使已有的法规制度焕发新的生机活力。要适时“废”规，建立健全法规制度退出机制，通过建立完善常态化党规清理制度，废止已经滞后于时代、不再具有现实规范意义的党内法规制度。要积极“释”规，按照《中国共产党党内法规解释工作规定》要求，加大解释力度，明确条文含义，推动法规制度全面准确理解和精准实施。

（八）坚持中央党内法规制度和部委、地方党内法规制度建设协调推进

党内法规制度体系，是以党章为根本，以准则、条例等中央党内法规制度为主干，以中央部委和有关地方党委制定的党内法规制度为配套，由各层级党内法规制度组成的有机统一整体。推进党内法规制度体系建设，必须坚持上下一体、统筹推进。要按照“1+4”的基本框架，把主干性、支撑性的中央党内法规制度完善起来，抓紧制定出台相关准则和一批条例。比如在准则方面，要研究制定党的思想道德、密切联系群众的规定。在条例方面，要根据需要完善不同板块的党规。比如，在党的领导法规制度板块，要制定党的宣传工作、组织工作、人才工作、外事工作等方面的条例。要完善配套法规制度，凡是中央法规制度明确要求配套的，各部门、各地区都要及时制定具体的配套法规制度，确保形成上下衔接、严密科学的制度体系，保证党规的调整实现纵向到底、横向到边。比如，《关于新形势下党内政治生活的若干准则》提出建立和完善近20项配套制度的任务，包括建立和完善民意调查、容错纠错、权力清单、领导干部个人重大事项报告、领导干部配偶子女从业行为等制度，这些任务能否及时完成直接影响准则的实施效果。对于不属于只能通过党内法规保留立法的领域，如提出政策、作出部署等事项，或者制定党内法规条件尚不成熟的、需要作出探索的，可以通过制定规范性文件作出有关制度安排，实现党内法规和规范性文件的补充配合、共同保障。

（九）坚持正确处理党内法规与国家法律的关系

党的十八大以来，历次全会要求全党必须坚持依法执政，全面提高党依据宪法法律治国理政、依据党内法规管党治党的能力和水平，努力形成国家法律法规与党内法规制度相辅相成、相互促进、相互保障的格局。党内法规的制定工作充分体现了依规治党与依法治国的要求，一方面按照党在宪法和法律范围内活动的要求，确保在突出党的建设自身规律的同时，防止党规超越宪法和法律范围，做到对于应由国家法律规定的事项党内法规不再作出规定。以2015年修订的党纪处分条例为例，原条例中半数以上条款与刑法等国家法律规定重复。针对这种纪法不分的突出问题，在修订条例过程中，按照纪法分开的思路，删除国法已有规定的内容，使条例的内容真正回归党的纪律。另一方面，虽然党内法规的范围与国家法律的范围、效力不尽相同，但两者从根本上来说是一致的，是互为补充和促进的，这体现在党内法规和国家法律在执行中是分工明确并彼此衔接的。例如，修订后的党纪处分条例在坚持“纪法分开”的同时，通过设定专门条款的方式，实现了党纪处分与国法处理的有机衔接，使得党纪处分制度更加科学。党规与国法的衔接还体现在党内法规是国家立法的一个重要源头，可以适时将党内法规中成熟的、直接规范公权力运行的制度规定经过法定程序上升为国家法律。2017年我们能够顺利启动把行政监察法修改为国家监察法的工作，就是建立在党中央坚定不移反腐败的实践和制度成果上。党的十八大以来，我们党坚持有腐必反、有贪必肃，在深入推进党风廉政建设和反腐败斗争实践中，坚持标本兼治，逐渐向治本发力，制定修订了巡视工作条例、纪律处分条例、问责条例等一系列重大法规制度，这些制度性成果为反腐败国家立法奠定了重要基础。

（十）坚持制定与执行并重

法规制度的生命力在于执行。加强党内法规制度建设，要坚持制定和实施并重，既要注重抓好定制立规工作，又要下大气力抓贯彻执行，确保党内法规制度落实落地。在制定中，要通过党内法规本身的科学性、严密性和准确性，明确党内法规的制定目的、基本原则、行为规则、实施程序、监督机制、奖惩措施，真正把权力关进制度的笼子里。习近平同志指出："咱们规定就是规定，不加'试行'两字，就是要表明一个坚决的态度，表明这个规定是刚性的。'试行'给人感觉是不是还有点含糊。就先按这个规定去做，做了以后真正推开了，一两年后再完善。""开始有的规定写的是'一般'怎么样，大家说还是'一律'好。没有硬杠杠，最后都成了'二般'了。我们'安民告示'，对外公布了，要靠大家监督，也说明我们是动真格的，不是说说而已。"贯彻执行法规制度没有绝招，关键在真抓，靠的是严管。要严肃查处违规违纪行为，各级纪委严格执规执纪、严肃问责追责。要抓住领导干部这个"关键少数"，发挥领导机关和领导干部的示范引领作用。要加大监督检查力度，用监督传导压力，用压力推动落实。例如，为了更好持之以恒推进作风建设，中央政治局会议审议通过《关于五年来中央政治局贯彻执行中央八项规定并以此带动全党加强作风建设情况的报告》。中央各部门加强党内法规实施的督查工作，比如，中央组织部制定党的建设制度改革专项小组2017年改革督察工作方案并开展实地督察，中央宣传部在巡视工作中对意识形态工作责任制进行监督检查，大力推动《党委（党组）意识形态工作责任制实施办法》贯彻执行。[①] 要发挥党内政治文化的支撑作用，弘扬社会主义法

---

① 宋功德:《中国法治实施报告（2017）》，北京：人民法院出版社，2018年版，第443页。

治精神，以良好的政治文化在党内形成遵规守纪的良好氛围，提升法规制度的执行力、影响力。同时，党内法规制度建设政治性、政策性、理论性很强，需要建设好党内法规专门工作队伍、理论研究队伍、后备人才队伍三支队伍，为党内法规事业长远发展提供强有力的人才支撑。

第二节　党内法规体系的构建

党的十八大以来，以习近平同志为核心的党中央将党内法规制度建设提到新高度，要求将之作为事关党长期执政和国家长治久安的重大战略任务，摆到更加突出位置切实抓紧抓好。党的十八届四中全会审议通过的《中共中央关于全面推进依法治国若干重大问题的决定》首次明确地提出了“形成完善的党内法规体系”的要求，并且把“党内法规体系”视为“中国特色社会主义法治体系”的重要组成部分，要从建设中国特色社会主义法治体系的高度来“形成完善的党内法规体系”，最关键的问题是要保证党内法规自成体系。习近平同志强调：“要完善党内法规制定体制机制，注重党内法规同国家法律的衔接和协调，构建以党章为根本、若干配套党内法规为支撑的党内法规制度体系，提高党内法规执行力。”党的十九大报告明确了新时代党的建设总要求，强调要坚持和加强党的全面领导，坚持党要管党、全面从严治党，以加强党的长期执政能力建设、先进性和纯洁性建设为主线，并提出要“加快形成覆盖党的领导和党的建设各方面的党内法规制度体系”。可见，党内法规建设的基本目标就是要尽快形成健全完善的党内法规制度体系，促进党的制度建设。

一、党内法规体系构建的方式

体系，泛指一定范围内或同类的事物按照一定的秩序和内部联系组合而成的整体。参照国家法律体系的界定，党内法规体系是指一党在一定时期的全部现行党内法规规范，按照一定标准和原则，划分为各个部分而形成的内部和谐、有机联系的统一体。从当前党内法规体系构建的现状来看，学界有多种概括，大致有四种划分模式。

（一）以党内法规的效力进行构建

从当前党内法规体系构建的现状来看，目前已初步形成以党章为核心，以准则、条例、规则、规定、办法、细则为具体法规的党内法规体系。党章是党内“根本大法”，3部准则和数十部条例是党内法规体系的主干，而数千件规则、规定、办法、细则是党内法规体系的枝叶。这是依据《中国共产党党内法规制定条例》中关于党内法规制定的不同主体及名称为标准，构建起来的高、中、低配套的党内法规制度体系。这固然是构建党内法规体系的一种思路，但这仅是从制定的主体和效力等级上来区分和组合，缺乏内容方面的分类，未能充分体现法规体系本身所固有的本质和特征。

（二）以党章的体例进行构建

由中共中央办公厅法规室、中央纪委法规室、中央组织部办公厅共同编辑的《中国共产党党内法规选编》(1978—1996)，依照的是《中国共产党章程》的体例来编排的，即按照党章、党员、党的组织制度、党的中央组织、党的地方组织、党的基层组织、党的干部、党的纪律、党的纪律检查机关、党组和其他共11个部分来编排和分类党内法规体系。《中国共产党党内法规选编（1996—2000）》按照党章的体例分为党的组织制度、党的中央组织、党的基层组织、党的干部、党的纪律、党的纪律检查机关、其他等8部分。《中国共产党党内法规选编（2001—2007）》也是参照《中国共产党章程》的体例，分为党员、党的组织制度、党的组织、党的干部、党的纪律、党的纪律检查机关、其他等8个部分。三部选编分类虽有微调，但总体以党章为体例编写。党章是党内的根本大法，这种体系分类方法体现了以党章为核心的党内法规体系的特点，也具有可操作性。不足之处是党章规定的是党内生活中最根本最重要的内容，具有原则性和概括性的特征，一方面有些党内法规内容涵盖几个部分难以归类，另一方面有些新的具体的党内法规难以完全归入以上各个法规部门，这样使得“其他”类法规数量不少而且类型混杂。

（三）以《中央党内法规制定工作五年规划纲要(2013—2017年)》的规定进行构建

《中央党内法规制定工作五年规划纲要(2013—2017年)》所提出制定工作规划从党情出发，把党内法规按照规范的内容和对象分为党的领导和党的工作、思想建设、组织建设、作风建设、反腐倡廉建设、民主集中制建设6个类别，每个类别都安排了相应的立规项目。这基本是按照加强和改善党的领导方式和执政方式及思想建设、组织建设、作风建设、反腐倡廉建设、制度建设的党的“五大建设”的要求对现行党内法规制度进行有效梳理和分类，是对党内法规的一个横向的划分。这种思路体现了党对内部法规体系认识角度的新变化，有利于防止党内法规制度的交叉和重复，又能提高党内法规制度的科学性、系统性和权威性。但对这6个类别还需要继续斟酌。例如，制度建设本身是党的自身建设的重要组成部分，而制度建设又是根本性的，党的自身建设各个方面要靠制度建设来维系和提升，所以党的思想建设、组织建设、作风建设和反腐倡廉建设都要贯穿制度建设的要求。如果把制度建设（民主集中制）作为党内法规体系的一个重要部分，就必须非常明确这类制度的内涵和范围是什么。

（四）以《中共中央关于加强党内法规制度建设的意见》的规定进行构建

按照《中共中央关于加强党内法规制度建设的意见》规定，党内法规制度体系是以党章为根本，以民主集中制为核心，以准则、条例等中央党内法规为主干，由各领域各层级党内法规制度组成的有机统一整体。这种构建模式从纵向和横向两个角度对党内法规的体系作了划分。从纵向上的效力等级看，突出党章具有最高权威性，其下分成四个等级，分别是由党中央制定的中央党内法规，由中央纪委、中央各部门制定的部委党内法规，由省级党委制定的地方党内法规，以及由党中央授权的副省级城市和省会城市党委制定的地方党内法规。从横向上的调整领域看，首先突出党章回答和规范的是党的领导和党的建设的根本问题，调整范围全面覆盖党的领导和党的建设方方面面。其次按照“规范主体、规范行为、规范监督”相统筹相协调原则形成的四大制度板块，即党的组织法规制度、党的领导法规制度、党的自身建设法规制度、党的监督保障法规制度。其中，党的组织法规制度侧重从“主体”上规范党的中央组织、地方组织、基层组织，党的纪检机关、工作机关、派出机关、党组以及其他党组织的产生和职责问题；党的领导法规制度侧重规范党对党外实施的领导“行为”，规范党领导经济建设、政治建设、文化建设、社会建设、生态文明建设以及外事、国防军队建设等活动；党的自身建设法规制度侧重规范党在党内实施的自身建设“行为”，规范党的政治建设、思想建设、组织建设、作风建设、纪律建设等活动；党的监督保障法规制度侧重从“监督保障”上规范党的工作责任制、党内监督、问责、组织处理、党纪处分、奖励表彰、党员权利保障、党的机关运行保障等活动。据此，形成主体、行为、监督保障三位一体的党内法规制度架构。

这种对党内法规体系的构建，凸显了党章的统领地位，对现行党内法规制度进行有效梳理和分类，契合了党的领导和党的建设基本布局，提高党内法规制度的科学性、系统性和权威性。特别是将组织法规制度和党的领导法规制度各自单独成块，贯彻了习近平同志提出的“夯实党执政治国的组织制度基础”“坚持党对一切工作的领导”的重要思想，体现了党对党规认识角度的新变化和党建理论的发展，对推动形成完善的党内法规制度体系具有重要指导作用。

二、党内法规体系构建的要求

党的十九大报告提出增强依法执政本领，加快形成覆盖党的领导和党的建设各方面的党内法规制度体系，加强和改善对国家政权机关的领导。我们在党内法规建设中，要把进行党内法规的体系建设放在首要位置，从多元化视角把握党内法规体系建设规律。

（一）以党建理论为基础构建党内法规体系

党内法规体系应当接近于有机的、自然组合起来的体系，并不是现行党内法规的简单分类和组合。我们要在推进党内法规体系构建中强调法治的要求，习近平同志明确指出：“要搞好配套衔接，做到彼此呼应，增强整体功能。”[①] 这方面的要求可以借鉴法律原理，因为更主要强调的是党内法规作为社会规范所需要遵循的一般原理。但是同样重要的是，党内法规体系构建必须把握党建的规律，符合我们对党的建设的科学认识，遵循党建的基本原理的要求。习近平同志指出：“最根本的是严格遵循执政党建设规律进行制度建设……既要有实体性制度又要有程序性制度，既要明确规定应该怎么办又要明确违反规定怎么处理，减少制度执行的自由裁量空间。”只有不断体现党在理论认识上的深化，对党建规律的把握，才能不断增强党内法规建设的严密性和科学性，才能以此为基础构建党内法规体系，才能推进提高党内法规体系的科学性、系统性和权威性。

党的建设理论有狭义与广义之分。狭义上党的建设，主要指党的自身建设。中国共产党自身建设理论，在马克思主义政党学说史上具有独特的地位。[②] 对于党的自身建设理论我们党一直十分重视，并随着党的地位变化和实践要求不断与时俱进，直到党的十九大我们基本认为党的自身建设体现为“五加二”的整体布局。广义上党的建设，不仅包含党的自身建设，还包含党与国家关系、党与社会关系等领域的内容。党的十八大以来，中央对这些问题和关系的认识愈加深化、科学、成熟，形成了一系列新的思想和新的理念，是对党的领导与自身建设规律认识的再一次创新，是党的建设实践创新的重大成果。这些理论的成果就直接体现在党章中，尤其是对党的建设总体布局的调整，使得其更加符合党的建设内在逻辑结构，为党内法规体系的构建奠定了基础，也为我们进一步完善党内法规体系提出了新的要求。

党的建设总体布局的一个重要调整，是把“反腐倡廉建设”独立出来，改为“推进反腐败斗争”。中国共产党向来重视廉政建设，从理论层面看，我们过去往往把作风建设和廉政建设用“党风廉政建设”一个词概括，

① 《在党的群众路线教育实践活动总结大会上的讲话》（2014年10月8日），北京：人民出版社，2014年版，第18页。

② 高新民：《党建理论三十年若干重大发现》，《学习时报》，2008年10月14日。

放在一起来论述。从党的十七大开始，把反腐倡廉建设作为党的建设的重要方面，在党的各项任务中更加突出反腐倡廉工作的重要性，是中国共产党作为长期执政的党的自身建设的一大特色。与作风建设区别开来，专门规定反腐倡廉建设，体现党建理论的重要发展。党的作风建设是廉政建设的重要基础，党的某些不良作风与腐败有关联，可以为腐败的蔓延提供条件，二者的整治在措施上有相同相近之处，也有不同之处。党风指党组织和党员的一贯态度和行为，以及透过其行为所表现出的精神风貌，是执政党的世界观和方法论在党内生活、执政活动和党群关系上的生动表现。十九大把反腐败斗争从过去的党的“五大建设”中独立出来，主要强调廉政建设是一项系统性工程，同时蕴含了预防、规制和惩治三大功能，涵盖了教育、监督、防范、约束、管理、惩治等内容。可见，把推进廉政建设的党规作为党内法规体系的重要方面，一是需要科学区分作风建设和廉政建设，突出各自特色；二是应当认识到廉政建设相关的党规本身就涵盖了教育的说服力、监督的制衡力、惩治的威慑力要求，综合性非常强，在界定其类别时要特别谨慎。

我们必须从中国共产党的党情出发，来构建一个具有中国共产党自身特色的党内法规制度体系，这不仅建立在我们对党内法规的科学认识和概括，而且根基于党在理论认识上的深化、对党建规律的把握。当然，党建理论一方面具有基础性和前瞻性，另一方面也必须认识到，党的状况要和国家治理体系、治理能力的现代化要求相适应，党建的理论也要与时俱进，这样才能推进提高党内法规体系的科学性、系统性和权威性。

（二）坚持政治性与规范性的统一构建党内法规体系

党内法规具有政治性与规范性双重属性，现代党内法规体系一定是充分体现这两个性质的规范体系。党内法规的政治性要求，意味着党内法规的制定必须坚持正确方向，这是衡量党规体系质量的首要标准。习近平同志强调，政治问题任何时候都是根本性的问题，“法治当中有政治，没有脱离政治的法治。……每一种法治形态背后都有一套政治理论，每一种法治模式当中都有一种政治逻辑，每一条法治道路底下都有一种政治立场”。党内法规的政治性要求还体现在党内法规的制定上，必须从实际出发，体现强烈的问题意识，要求把握现阶段的形势、任务和挑战，抓住主要矛盾，突出针对性和指导性。习近平同志多次指出制定党内法规要务实管用，王岐山同志也指出：“任何一项制度都不可能解决所有问题，不能把亟待破解的难题淹没在大量制度条文中，也不能把重要的政治信号变成学术研讨，导致制度迟迟出不了台、贻误了时机。”党内法规规范性的基本要求之一就是党内法规体系要具有统一性，党内法规之间相互协调，既包括党内法规之间纵向协调，也包括党内法规之间横向协调，还包括党内法规的内容和形式与结构的协调。我们党在制定党内法规中注重规范性的要求，习近平同志明确指出：“要搞好配套衔接，做到彼此呼应，增强整体功能。”

政治性与规范性的统一，要求我们在构建党内法规体系中应当注意如下的问题：

一是构建党内法规体系要体现效力的统一性。党内法规体系需要按党内法规的不同效力逻辑构建，即构成党内法规体系的多个党内法规的效力并不完全相同，协调的党内法规体系必然是按照各个党内法规的效力层次高低来构造。必须依据党章来制定党内其他法规制度，其他党规都不能和党章的最高权威相抵触，同时强调和要求下位阶党规不得与上位阶党规相抵触，并且当两者发生矛盾和冲突时，下位阶党规必须无条件服从于上位阶党规，这样才能使得不同效力层级党规间层次清晰、相互衔接。因而，要明确区分和梳理不同阶位党规的权威和关系，新制定党内法规不能仅仅从党建工作实际的角度来确定，还应当从党内法规客观的有机的结构来科学确定其效力等级，使其能精确嵌入已有的法规体系中，实现上下级法规之间、同级法规间和新旧法规间的有机衔接。

二是党内法规体系构建要体现功能的统一性。任何党内法规虽然最终的目标都是规范党内关系，达到党的团结统一，但是每一部党内法规均具有特定的价值或目的，多元化的调整目的和差异性的功能正是党内法规体系发挥整体功能的前提。由于长期以来管党治党失之于宽、失之于松、失之于软，再加上传统党内义务优先的价值观影响，对党员义务的规定、党员行为的约束和惩戒内容较多，而对保障党员权利方面、激励党员动力的党规制度仍显得不足，已有的相关党规贯彻落实情况也还不尽如人意。而从功能的角度看，两者是不可偏废的，都是为了实现正常的党内关系，维护党的团结统一，实现党内法规体系的整体的功能和目标。我们不仅要完善党内法规，靠强化纪律规矩保证执政党的集中统一，而且下一步要加强党内激励关怀帮扶机制的党内法规建设，提升党员队伍活力，调动广大党员和干部干事创业的安全感、尊严感、获得感。

三是党内法规体系构建要体现形式规范的一致性。党内法规是通过一定的文本来对应于现实的党内关系，应当强调文本形式、具体表述之间的关联性和整体性，强调党内法规用语的逻辑性、严肃性、明确性。例如形式的一致性。应当在《中国共产党党内法规制定条例》的基础上，进一步对党内法规的名称、结构、用语、表述方式、基本要求等作出全面系统规定。党内法规要根据不同层级和类型，采用与之相适应的结构布局，并且同一类效力层级的党内法规应当保持体例的基本统一、结构的相对一致、篇幅的大致相当。例如概念的准确一致。党内法规的一个鲜明特点就是政治性，往往是政治话语能够更彰显政治性，容易突出强调的是政治正确而非涵义的准确，但是这并不意味着我们不应当尽量采用准确确定的概念界定，要减少模糊性、倡导性、原则性的词语。党规中使用的重要概念应当由中央作出权威解释，准确清晰，并在不同党规中保持概念的一致性和确定性。

（三）坚持党规与国法的统一构建党内法规体系

按照社会发展的需要，政党总是提出、形成或创制一定的原则和规范，指导、规范和调整人们的行为，使社会生活有序、稳定。对于政治生活而言，与党内法规直接相关的外部制度体系，主要指的是国家法律、党的政策、党的规矩等，其中最重要的是国家法律体系。党内法规和国家法律都是党和人民意志的反映，在本质上是一致的，这就为党内法规体系与法律体系的统一构建了坚实的基础。我们党长期执政，要善于依法执政推进依法治国，善于依规管党以加强和改善党的能力，前者是后者的重要目的，后者是前者的必要基础，这两个方面是一个整体。这就需要我们不断健全、完善国法和党规，形成党内法规体系和法律体系协调统一、相辅相成、相互促进、相互保障的格局。

一是要避免出现过去以党代政、党政不分的绝对“一元化”领导，使得党规代替国法或者党规与国法的调整范围不当重叠。党作为领导核心，发挥总揽全局、协调各方的作用，与之相适应，党规不仅调整党的自身建设，还调整党作为领导核心所形成的各类领导关系。党不能超越于宪法和法律之外成为法外党，搞党规大于国法，也不能将党规与国法混为一谈。由于过去在执政党如何依法执政、党内法规与国家法律之间的关系等基本理论问题上还缺少深入细致的研究，在理论和实践中都存在一些困惑。比如出现党政机关联合发文泛化的情形，还有少数党内法规出现与国家法律法规的调整对象存在着部分交叉和重叠的问题，都反映出党内法规的调整对象还比较庞杂的现状。我们要正确认识党规的调整对象，正如刘少奇同志在《关于修改党章的报告》中所指出的：“党章，党的法规，不仅是要规定党的基本原则，而且要根据这些原则规定党的组织之实际行动的方法，规定党的组织形式与党的内部生活的规则。”应当突出党规特色，这就要求认真界定党规的调整范围、对象和领域，做到党规的调整方式适应调整范围的不同，方式多样化，调整力度强弱有别。同时，要确保党内法规不与国家法律相抵触。必须坚持遵守党必须在宪法和法律范围内活动的规定，要以国家的宪法和法律为标准来审查监督各种党内法规，确保在突出党的建设自身规律的同时，防止和纠正超越宪法和法律范围的各种党规与党的政策文件，以此衡量党内法规的科学性和合法性，确保党内法规成为宪法和法律精神实现的有力保障者。

二是要反对简单处理党政关系、机械的“党政分开”，尤其不能弱化党的领导，认为法律是超政治的，或者出现虚化党规调整功能的问题。党内法规与国家法律的性质、规范内容、效力等不同，决定了党内法规在中国共产党依法执政中发挥着不可缺少的作用。中国共产党作为执政党，担负着全面领导国家的职责，直接行使国家重大问题决策权等公权力，但其本身又不是国家机关的组成部分，党的领导体系、党的执政方式及党的组织、党的纪律、党内监督、责任机制等不属于法律调整的范围，应通过党内法规约束规范党内权力的运行。党内法规自成体系，国家法律应当尊重政党的自主性，不得随意干预党内法规自由调整的范围。

三是推进党内法规实现和国家法律的有效对接，及时将党内法规中成熟的、直接与行使公权力相关的制度规定适时经过法定程序上升为国家法律。建设中国特色社会主义法治体系，全面推进依法治国，需要形成完备的法律规范体系，固守原有单一的法律渊源已无法满足法治实践的需求。将部分成熟的、在实践中具有作用的党内法规转化为更具规范性、权威性和操作性的国家法律，可以作为立法的一个重要源头。例如，对于规范公权力行使和廉洁政治的推进的相关要求，可以先在党内法规中进行规范，并在党内实施。与立法相比，党内法规的制定和修改具有相对快速简便的特点，所以对其规范有可能先体现在党内法规，便于这些规定能够快速实施，并在实施中不断调整，趋向成熟后再规定为适用全体公民的国法，减少制度变革的风险。

三、构建党内法规体系的主要路径

与中共肩负的历史重任以及党建面临的大量新情况、新问题对党的制度建设提出的新要求相比，中共党内法规建设整体规划仍需加强，特别是存在有的基础主干党内法规、配套性党内法规和实践亟须的党内法规尚未出台或者不够健全完善，一些党内法规落实不到位等问题。

（一）继续研究党内法规的顶层设计

在党内法规制度中，长期以来我们缺乏科学的规划和统筹，致使急用先立，临时性、突击性的制定活动过多，后续措施、配套措施跟不上，往往造成党内法规制度的应急化、随意性、“碎片化”、系统性不足，造成制度的无效和浪费。而且，党内法规制定涉及党规和国法两个体系统一、中央和地方两个层级协调，我们在党内法规建设中，要把进行党内法规的体系规划放在首要位置。从2013年制定《中央党内法规制定工作五年规划纲要（2013—2017年）》开始，党中央开始主动统筹谋划党内法规制定的顶层设计工作。纲要的出台标志着党内法规制定工作进入一个新阶段，有利于加强党内法规建设工作的计划性、协调性，保证党内法规制度的系统性、协调性和前瞻性。党的十九大后，党中央颁布了《中央党内法规制定工作第二个五年规划（2018—2022年）》。该规划坚持目标导向和问题导向相结合，着眼于到建党100周年时形成比较完善的党内法规制度体系，聚焦补短板、强弱项，对今后五年党内法规制度建设进行顶层设计，是推进新时代党内法规制度建设的重要指导性文件，增强了党内法规制度建设的系统性和前瞻性。但是要真正使得党内法规的顶层设计落实到位，仅靠规划和纲要是不够的，还要加强理论研究，继续深化体系规划。因为规划中所明确的需要制定、修订、健全、完善的党内法规，只是制定工作中的一个指引。所以我们在按照该规划制定党规时，一定要明晰各项党规的调整范围，它们之间的横向、纵向关系是什么，建立起它们的合理结构，防止出现彼此之间的交叉、重叠甚至冲突或矛盾。

而关于如何科学界定党内法规在不同领域中多元制定主体的权责定位，如何使得不同层次、不同领域党内法规彼此保持协调一致，如何保证所有法规制度有条不紊统筹推进等，这些问题要求中央必须进行科学顶层设计，各个党内法规制定主体严格按照中央要求协调推进党内法规体系建设，否则就无法有效维护党内法规制度的协调统一。

（二）改进党内法规的制定和修订工作

虽然党内法规已基本形成了体系，但是党内法规制定中有的基础主干党内法规、支撑性党内法规和实践亟须的党内法规尚未出台或者不够健全完善，党内法规制度的系统性、集成性有待提高。全国党内法规工作会议提出，要以改革创新精神加快补齐党建方面的法规制度短板，力争到建党100周年时形成比较完善的党内法规制度体系，为提高党的执政能力和领导水平、推进国家治理体系和治理能力现代化、实现中华民族伟大复兴的中国梦提供有力的制度保障。习近平同志在中央政治局会议审议《中央党内法规制定工作五年规划纲要（2013—2017年）》时的讲话中指出："长期以来，我们制定的不少制度规定流于形式，其中一个重要原因就是制度本身不科学，脱离实际、没有可行性，有的规定过于原则、操作性不强，有的只有要求没有问责、刚性约束力不够，还有的规定交叉重复甚至文件打架。要提高党内法规制定质量，深入调查研究，广泛征求意见，掌握制度建设的周期性规律，及时进行立、改、废，既保证制度的活力，又注意保持制度的稳定性，不能朝令夕改、频繁‘翻大饼’，确保每项法规制度都立得住、行得通、管得了。”

其中三方面的党内法规制定修订工作尤其需要重视。

一是主干党内法规缺位，指那些对构成党内法规制度体系框架具有支架作用、必不可少的重要的党内法规不足。准则与条例同为党内法规的主干骨架。从实践来看，改革开放以来我们党高度重视基础主干党内法规的制定工作，不断充实完善了党内法规的主干。准则在党内法规中具有极为重要的地位，效力仅次于党章；条例是联系党的建设总体目标、布局和具体工作的基本桥梁和纽带。在党内法规体系中，党章和准则具有宏观性，规则、规定、办法、细则是对党内法规的具体化、程序化，条例居于中间层次，是从宏观到具体的关键点，具有承上启下的作用。

准则集中体现党章精神，地位高、效力强，仅次于党章，对于构建党内法规制度体系具有极其重要的作用。目前，我们党已经制定出台了2部党内政治生活若干准则和1部廉洁自律准则。其中，党内政治生活的若干准则属于综合性准则，廉洁自律准则属于专门性准则。在完善准则中，要根据党的事业发展需要和党的建设实际分析出台综合性准则的必要性与可能性，同时根据新时代党的建设形势任务发展需要，准确判断应当在党的领导和建设的哪些“若干”方面陆续研究制定相应的专门性准则。

条例在中央层级党内法规中数量最多，对整个党内法规体系起到必不可少的骨架支撑作用。我们在党内法规建设中，应当把健全完善党内条例放在突出位置，一方面要切实搞清何为“某一领域重要关系或者某一方面重要工作”，避免把过分具体的工作误认为党的重要工作，以免造成条例结构的混乱和效力等级的错位。比如，《机关档案工作条例》和《党政机关公文处理工作条例》，规定的内容相对比较具体，可以作为相关条例的具体化。另一方面要科学回答在哪些领域中应当制定或修改哪些条例，从而使党内条例的系统化、科学化提高到一个新水平。条例作为党内法规体系中承上启下的关键节点，应当涵盖党内关系调整及党的工作和活动的多数领域，要对照“1＋4”框架结构再研究制定出台一批条例，实现条例对党的领导和党的建设各方面重要关系、重要工作的全覆盖。

比如进一步完善党内组织规范，党中央要适时对中央委员会、纪律检查委员会、国有企业党组织机构设置工作等作出基本规范；再如党内程序性条例的制定，在已颁布实施的党内法规中，实体性法规较多、程序性法规较少，许多实体性的规范缺乏程序法规的保障实施，影响了法规功能的发挥，因此必须加大制定和整合党内的程序法规。

二是配套性党内法规不足，指与主干党内法规配合的具体党内法规欠缺，无法形成完整的制度链。一般中央党内法规为了避免一刀切，往往作出相对原则的规定并对中央部门和地方党委制定实施细则作出授权规定，以确保适应不同部门、不同地方不断推进党的建设和党的工作实践。部门党规和地方性党规应当按照中央党内法规的精神和原则性规定，及时紧密结合本地区本部门实际，作出更加明确具体的规定。授权地方和部门制定相关条例细则的过程中，务必防止两个极端：一个极端是标准层层降低，要求逐级衰减，或者程序“走了样”、规矩“变了形”，造成严格的党内法规最终演变成纸上谈兵；另一个极端是脱离实际，误以为高标准就是越高越好、严要求就是越严越好，把党内法规的要求层层拔高、层层加码、层层加压、层层加责，扭曲了党内法规的执行标准，执行效果事与愿违。

三是要进一步强调党内法规制定过程的科学性、民主性和法治性。习近平同志在论述如何建立和完善党的制度时，强调要“把中央要求、实际需要、新鲜经验结合起来，制定新的制度，完善已有的制度，废止不适用的制度”，要“解放思想、实事求是、与时俱进，现群众意愿”，要“本着于法周延、于事简便的原则，注重实体性规范和保障性规范的结合和配套确保针对性、操作性、指导性强”，这些都成为党内法规制定中所需要遵循的原则性要求。在其中特别需要注重的是，强调制定过程的民主性与开放性。目前，党内法规在制定过程中确实非常注重制定前的调研和征求意见，但是相对于国法的“开门立法”，党内法规的制定在某种程度上还缺乏足够的开放性和吸纳性，党内征求意见的范围还应当继续扩充、方式还应当更加便捷。尤其是对于与广大党员切实利益直接相关的党内法规，更好地吸纳各级党组织以及全体党员的意见和建议，可以增强自身在内容上的科学性，也有助于党规获得全体党员的认同和接受、更好在实践中贯彻执行。

（三）实现党内法规清理工作常态化制度化

以往的党内法规制度建设，往往侧重于党内法规的制定与修改，而忽视了对党内法规的清理工作。党的十八大之后，党中央非常重视党内法规的清理，并建立健全了定期清理和即时清理机制，“使原来繁杂、大规模的法律法规集中清理转变成为经常性的长效清理机制，从而节省大量的法规清理成本，提高法规清理的工作效率，这有益于法规及时更新，更好地适应经济社会的发展变化，因而能较好地解决当前党内法规建设所面临的困境”。[①] 但在实践中，随着党规建设的不断提速，仍需加强党规清理工作的规范化。以党内关于问责的相关规定为例，现行法规制度中，与问责相关的共有119部，除典型的《关于实行党政领导干部问责的暂行规定》，其他多由中纪委以发文、通知、意见的形式体现出来。《中国共产党问责条例》的出台不仅使对党内问责的相关党内法规的效力层级得以提高，提升了问责制度的权威性，而且实际上把过去散见于不同问责规定当中的关于管党治党的相关制度统一到一部党规中。这就要求《中国共产党问责条例》出台后，及时具体梳理相关的党内规定中哪些失效，否则容易在适用中造成混乱和遵守中的无所适从，也容易削弱党内法规整体的权威性和系统性。

（四）完善党内法规的备案审查机制和评估机制

我们党通过《中国共产党党内法规制定条例》《中国共产党党内法规和规范性文件备案规定》，建立了正式和规范意义上的党内法规备案机制。党内法规备案机制的功能是要解决党内法规的统一性和制定工作监督问题，这是构建内容科学、程序严密、配套完备、运行有效的党内法规制度体系的必然要求。要在实践中真正将党内法规备案机制落到实处，需要进一步从主体、范围、操作原则、操作细则、处理办法等方面进行具

---

① 强舸，陈静茜：《党内法规建设需进一步完善退出机制》，《中国党政干部论坛》，2015年第1期。

体规定，对党内法规重点进行合法性、合规性、合理性审查，严把政治关、政策关、法律关，严格遵循上位法规效力高于下位法规效力的原则、特别规定效力优于一般规定效力的原则、新规定效力优于旧规定效力原则，解决党规普遍规定与具体情况、特殊调整，党规稳定性与实践发展的矛盾，实现党内法规体系的有机统一。

党内法规制定后评估是党内法规制定工作的延续，是建立健全党内法规制度体系的重要方式。但从目前的实践看，党内法规制定后评估工作还处于探索阶段。应当进一步明确细化相关的制度设计，以有效检测党内法规在实施过程中产生的效果，检验制定工作中各项制度和程序是否合理可行，发现法规在实施过程中存在的问题和不足，对相关法规制度作出较为客观的评价，为法规制度的立、改、废提供依据。

结语

一、从“制度治党”到“依规治党”

党要管党、从严治党，是党的建设的一贯要求和根本方针。党的十八大以来，我们要更好进行具有许多新的历史特点的伟大斗争、推进中国特色社会主义伟大事业，保持党的先进性和纯洁性，增强党的长期执政能力，就必须以更大力度推进党的建设新的伟大工程，推进全面从严治党向纵深发展。习近平同志指出：“全面从严治党，核心是加强党的领导，基础在全面，关键在严，要害在治。”党的十九大党章明确要求，坚持从严管党治党，要把严的标准、严的措施贯穿于管党治党全过程和各方面。习近平同志要求：“要把制度建设摆在党的建设的重要位置，以制度建设巩固思想建设、组织建设、作风建设、反腐倡廉建设成果，加强制度执行力建设，为党的长治久安提供坚强制度保障。”

党的十八大以来，我们日益明确地认识到，党的制度涵盖范围很广，党内法规是党的制度体系中核心的规范和高级形态，在制度治党的同时强调依规治党的重要性。以习近平同志为核心的党中央高度重视党的制度建设尤其是党内法规建设，深刻阐明了全面从严治党与制度治党、制度治党与依规治党、依规治党与依法治国、思想建党与依规治党等若干重要范畴之间的密切联系，明确“加强党内法规制度建设是全面从严治党的长远之策、根本之策”。党的十八届四中全会首次提出，“依法执政，既要求党依据宪法法律治国理政，也要求党依据党内法规管党治党”，强调了党内法规在依法治国中的重要性。2015年6月4日，习近平同志在听取十八届中央第六轮巡视情况汇报时的讲话中明确提出“要坚持依法治国、依规治党”，这是习近平同志第一次正式提出“依规治党”。[1] 中央文件首次使用“依规治党”概念是在《中国共产党党组工作条例（试行）》通知中，随后在《中国共产党党内监督条例》中，“依规治党”概念首次出现在中央层级的党内法规中。党的十九大是在全面建成小康社会关键阶段、中国特色社会主义进入新时代的关键时期召开的一次十分重要的大会，系统总结了党的十八大以来全面从严治党取得的历史性成就，着眼新形势新任务，对推动全面从严治党向纵深发展提出新要求、作出新谋划，其中对坚持依规治党、加强新时代党内法规制度建设作出战略部署。十九大报告在阐述习近平新时代中国特色社会主义思想中，强调坚持全面依法治国“必须把党的领导贯彻落实到依法治国全过程和各方面，坚定不移走中国特色社会主义法治道路……依法治国和依规治党有机统一，深化司法体制改革，提高全民族法治素养和道德素质”，将“依规治党”上升为党的全国代表大会报告要求，纳入新时代中国特色社会主义基本方略之中。十九大党章修正案在党的建设必须坚决实现基本要求中，整合丰富相关内容，形成第五项“坚持从严管党治党”，提出“坚持依规治党、标本兼治，坚持把纪律挺在前面，加强组织性纪律性，在党的纪律面前人人平等”。

可见，党的十八大以来，从讲话精神要求到文件明确规定，从党内文件说明到党内法规要求，从党内法规条文内容到党的根本大法基本要求，全党对依规治党的重视程度不断升级。同时，党中央把全面深化改革和制度创新有机结合起来，对依规治党的定位、内涵和要求也不断丰富，以党章为根本遵循，不断完善党内法规制度体系，把各项纪律和规矩立起来、严起来，在全党上下树立了“治国必先治党，治党务必从严，从严必依法度”的理念。

二、依规治党与依法治国相统一推进全面依法治国

党的十九大强调要坚持“依法治国和依规治党有机统一”，并将其纳

---

① 宋功德:《坚持依规治党》,《中国法学》，2018年第2期。

入新时代中国特色社会主义基本方略之中。党内法规和国家法律都是党和人民意志的反映，它们在本质上是一致的，这就为党内法规体系与法律体系的统一构建了坚实的基础。我们党长期执政，要善于依据宪法法律法规治国理政，善于依规管党以加强和改善党的能力，前者是后者的重要目的，后者是前者的必要基础，这两个方面是一个整体。习近平同志指出："必须坚持依法治国与制度治党、依规治党统筹推进、一体建设。"坚持依法治国和依规治党相统一推进全面依法治国，是坚持党的领导、人民当家作主、依法治国有机统一的题中应有之义，是坚决维护国家法制统一尊严权威的必然要求，是党坚持全面从严治党和推进依法治国的内在要求。十八大以来，以习近平同志为核心的党中央始终要求全党必须坚持全面依法治国，全面提高党依据宪法法律治国理政、依据党内法规管党治党的能力和水平，努力形成国家法律法规与党内法规制度相辅相成、相互促进、相互保障的格局。

首先，坚持依据宪法法律治国理政，按照党在宪法和法律范围内活动的要求，防止党规超越宪法和法律范围。中国是一党长期执政的国家，执政党处于全面领导地位，其政治优势与地位决定了我们党掌控着最多的政治资源，但是领导地位并不等于就是绝对权力，并不意味着权力不受约束。尤其是不能错误地把党对法治的领导地位，视为要把党凌驾于宪法和法律之上、凌驾于法治之上。《中共中央关于全面推进依法治国若干重大问题的决定》提出："依法执政是依法治国的关键。各级党组织和领导干部要深刻认识到，维护宪法法律权威就是维护党和人民共同意志的权威，捍卫宪法法律尊严就是捍卫党和人民共同意志的尊严，保证宪法法律实施就是保证党和人民共同意志的实现。"

其次，党内法规与国家法律的性质、规范内容、效力等不同，决定了党内法规在全面依法治国中发挥着不可缺少的作用。在党内法规建设中要反对简单处理党政关系、机械的"党政分开"，尤其不能弱化党的领导，认为法律是超政治的，或者出现虚化党规调整功能的问题。中国共产党作为执政党，担负全面领导国家的职责，直接行使国家重大问题决策权等权力，但其本身又不是国家机关的组成部分，党的组织、党的纪律、党内监督、责任机制等不属于法律调整的范围，应通过党内法规约束规范党内权力的运行。这决定了党内法规自成体系，国家法律应当尊重政党的自主性，不得随意干预党内法规自由调整的范围。依法治国首先必须依规治党，实现党内权力运行的法制化，建立健全党内组织科学的运行机制，革除事实上在一定程度上存在的党内“人治”问题，确保党的内部组织、活动和事务的法制化，使党内生活更加规范化、程序化，使党内民主制度体系更加完善，使权力运行受到更加有效的制约和监督。只有实现党内权力运行的法制化，才能使政党的权力运行稳定化、科学化，才能使党的建设和自身发展科学化、制度化、规范化，才能真正实现执政党与国家体制之间相互关系的科学化和法律化，达到依法执政的目的。对此，邓小平同志曾指出：“没有党规党法，国法就很难保障。”

而且，党作为领导核心，发挥总揽全局、协调各方的作用，与之相适应，党规不仅调整党的自身建设，还要调整党作为领导核心所形成的各类领导关系。这就决定了党内法规的健全程度在某种程度上还与社会公众利益乃至整个国家命运前途紧密相连，也直接关系到社会主义法治国家建设的目标的达成。例如，中央八项规定出台后，尽管当时国家的法律没有增加，司法也没有改革，但增强了全体党员领导干部的规矩意识、法治意识，以党风带政风，促民风，从而整个社会秩序和社会风尚发生了巨大的改变。“八项规定改变中国”日益成为全社会的共识，从某种程度上体现了八项规定作为良法对法治中国追求的善治状态的推动。

再次，注重党内法规同国家法律的有机衔接。虽然党内法规的范围与国家法律的范围、效力不尽相同，但两者从根本上来说是一致的，是有机衔接和互为补充、促进的。这方面尤其突出体现在国家监察体制改革中。在立法层面上，《中华人民共和国监察法》的如期出台是建立在总结十八大以来反腐败实践经验的基础上，建立在党内制度体系不断完善的基础上，本身就是党内法规作为国家立法的渊源的一个重要体现，实现了党规与国法的有机衔接。党的十八大以来，我们党坚持有腐必反、有贪必肃，在深入推进党风廉政建设和反腐败斗争实践中，坚持标本兼治，逐渐向治本发力，制定修订了巡视工作条例、纪律处分条例、问责条例等一系列重大法规制度，这些制度性成果为反腐败国家立法奠定了重要基础。可见，将某些领域（如廉政建设）行为规范先以党规形式确立下来，适时将其再转化为更具规范性、权威性和操作性的国家法律，不失为制度变迁的有效方式。一方面，党内主体的政治觉悟和素质更高，可以降低制度变革的阻力，并对社会发挥示范作用。另一方面，也有助于减少制度变革的风险，给制度培育和生成提供必要时间，使其更加成熟定型。作为反腐败国家立法的最核心的法律，《监察法》的出台还将会涉及配套的党规国法的清理、修订或出台，涉及党内纪律建设和廉政建设的相关党规与《全国人民代表大会组织法》《人民检察院组织法》《刑事诉讼法》《行政诉讼法》等一系列法律的衔接，会推进反腐败国家法律体系的逐步健全。在执行层面上，在监察体制改革之前，纪委作为党内的执纪机关，主要是对接检察机关的反贪工作，以确保党纪政纪处分与刑事责任追究有效衔接，监委成立之后，监察法和纪律是衔接的，和刑法、刑诉法也是衔接的，有效实现了纪法贯通与法法衔接。

三、坚持思想建党与制度治党相统一推进全面从严治党

习近平同志指出，“新形势下从严治党要坚持思想建党和制度治党紧密结合”，“从严治党靠教育，也靠制度，二者一柔一刚，要同向发力、同时发力。”[①] 习近平同志提出把二者紧密结合起来，是系统思维、辩证思维在党的建设理论中的创造性运用，是从中国共产党建设的经验与教训中总结的对执政党建设的规律性认识，具有重大的理论创新价值与实践指导意义。

思想建党是制度治党的前提。思想是行动的先导，从思想上建党，是我们党的光荣传统和政治优势，是我们党的建设的基本经验和基本原则。毛泽东同志在古田会议上创造性地提出着重从思想上建党，通过思想教育实现以无产阶级思想改造各种非无产阶级思想，解决共产党员不仅在组织

---

① 《在党的群众路线教育实践活动总结大会上的讲话》（2014年10月8日），北京：人民出版社，2014年版，第20页。

上入党，更要在思想上入党的问题，使党员成为真正的无产阶级先锋战士。此后，我们党一直高度重视思想建党。在党的十八届中央政治局第一次集体学习时，习近平同志就强调："理想信念就是共产党人精神上的'钙'，没有理想信念，理想信念不坚定，精神上就会'缺钙'，就会得'软骨病'。"教育是解决思想问题的有效手段，开展教育是各级党组织的重要政治任务和政治责任。习近平同志强调："要加强对党员、干部特别是领导干部的教育，让大家都明白哪些事情能做、哪些事情不能做，哪些事情该这样做、哪些事情该那样做，自觉按原则、按规矩办事。"十八大以来，党中央强调要抓好思想理论建设这个根本、党性教育这个核心、道德建设这个基础、理想信念这个首要任务，陆续开展了党的群众路线教育实践活动，"三严三实"专题教育、"两学一做"学习教育，系统、全面地加强对党员干部的理论教育，解决好广大党员干部世界观、人生观、价值观这个"总开关"问题。十九大以来，通过学习习近平新时代中国特色社会主义思想，促进全党科学认识"新时代建设什么样的党，怎样建设党"的重大问题，坚守党的信仰、党的价值、党的宗旨的高标准。这是树立正确的权力观、保持党的先进性和纯洁性的必要条件，是保持党的凝聚力、战斗力的重要保障，也对制度的制定和执行至关重要。党内法规就是党的建设的经验和科学规律的固化和总结，体现着全党上下普遍认可的思想认识和价值追求。党内法规和各项纪律是建立在高度自觉的基础上，主要靠党员的觉悟、对党的忠诚来维护。只有通过思想建党，使得党内法规制度为每个党员高度认同，才能使其各项要求成为全体党员的自觉追求，才会转化为党内先进的政治文化，才会充分发挥其规范功能和政治社会功能，才会真正实现"内化于心、外化于行"党内法规实现的最高境界。

制度治党是思想建党的保障。我们党鉴于"文化大革命"的历史教训，在十一届三中全会之后开始加强制度建设，着力完善党规党法，推进党和国家领导制度改革。邓小平认为，"文化大革命"的发生与没有完善的制度有关，"我们过去发生的各种错误，固然与某些领导人的思想、作风有关，但是组织制度、工作制度方面的问题更重要。这些方面的制度好可以使坏人无法任意横行，制度不好可以使好人无法充分做好事，甚至会走向反面。即使像毛泽东同志这样伟大的人物，也受到一些不好的制度的严重影响，以至对党对国家对他个人都造成了很大的不幸。……不是说个人没有责任，而是说领导制度、组织制度问题更带有根本性、全局性、稳定性和长期性”。习近平同志指出，党的建设中存在许多问题都与体制机制和制度不健全有关，尤其是在反腐败斗争中所暴露出的问题更是如此。他指出：“从前些年和最近揭露出来的一些涉及领导干部的大案要案看，其犯罪情节之恶劣、涉案金额之巨大，都是触目惊心的，搞权钱交易、权色交易简直到了利令智昏、胆大包天的地步！之所以会弄到这个地步，其中一个重要原因就是我们一些领域的体制机制还不健全。如何靠制度更有效地防治腐败，仍然是我们面临的一个重大课题。”[①] 因此，他反复强调：“铲除不良作风和腐败现象滋生蔓延的土壤，根本上要靠法规制度。”“反腐倡廉法规制度既‘禁于未然之前’，又‘禁于已然之后’，为党员、干部拉起了高压线、划出了警戒线，在党风廉政建设中具有规范引导、控制约束、警戒告诫、惩罚威慑的作用。”[②]

在制度治党中，依规治党具有突出重要的地位。习近平在十八届中央政治局第二十四次集体学习时的讲话中强调：“加强党内法规制度建设是全面从严治党的长远之策、根本之策。”全面从严治党，基础在全面。党内法规的建设，必须着眼全面，立足管全党、治全党，面向所有党员、所有党组织，管住管好“绝大多数”。十八大以来，一部部制定修订出台的党内法规立起了管党治党的纪律规范，全面从严治党的制度笼子越扎越紧。在有规可依的基础上，进一步要求各级党组织和党员、干部在任何情况下，都必须严格遵守、自觉维护党内法规，始终保持心有所畏、言有所戒、行有所止，真正做到把依规治党贯穿于全面从严治党全过程，进一步增强党的凝聚力、战斗力、领导力、号召力。同时，强调突出重点，抓住领导干

---

① 《习近平关于党风廉政建设和反腐败斗争论述摘编》，北京：中央文献出版社、中国方正出版社，2015年版，第138页。

② 《习近平关于严明党的纪律和规矩论述摘编》，北京：中央文献出版社、中国方正出版社，2016年版，第61页。

部这个“关键少数”，这是以习近平同志为核心的党中央管党治党的一贯思想和鲜明特点。风成于上，俗化于下。这一思想不仅体现在党内法规的制定中，实现了从严管理各级领导干部，强调必须用刚性制度把一把手管住，形成有权必有责、有责要担当、用权受监督、失责必追究的激励约束机制，保证各级干部依法用权、秉公用权、廉洁用权，确保行使好党和人民赋予的权力。而且体现在党内法规的执行中，强调领导干部要以身作则、率先垂范、以上率下，为全党全社会作出示范；要求各级干部对于违反党规的问题，要敢抓敢管，不能隐瞒、变通，带头维护党内法规的严肃性中。

思想建党，重在立德；制度治党，重在立规。在党的历史上，思想建党发挥了重大作用，而制度对于巩固思想建党的成果，保持党的团结和统一也发挥了重大作用。要坚持思想建党与制度治党同向发力，统筹推进党的各项建设。十八大以来，习近平同志强调“思想教育要结合落实制度规定来进行，抓住主要矛盾，不搞空对空。要使加强制度治党的过程成为加强思想建党的过程，也要使加强思想建党的过程成为加强制度治党的过程”，倡导树立法治思维、法治方式和法治手段以推动党的思想建党进程。习近平同志同时强调制度不是万能的，“现在，一个比较明显的问题就是轻视思想政治工作，以为定了制度、有了规章就万事大吉了，有的甚至认为组织找自己谈话是多此一举。正是这样的简单化和片面性，使一些本来可以落实的制度得不到落实、一些本来可以避免的问题不断发生。”[①] 这些重要表述都丰富、深化和提升了思想建党与依规治党相结合的理论和理念。在新形势下，坚持思想建党和制度治党紧密结合，就是强调在习近平新时代中国特色社会主义思想指导下，以思想建设和思想教育不断提高广大党员干部的思想政治觉悟；以系统、科学的党内法规制度保证各项党建举措的落实，厘定党员干部的行为规范和边界，规范党内权力运行，使二者相互作用、相互促进、相互渗透和贯通，推动全面从严治党向纵深发展。

---

① 《在党的群众路线教育实践活动总结大会上的讲话》（2014年10月8日），北京：人民出版社，2014年版，第20页。

参考文献

1.《习近平谈治国理政》，北京：外文出版社，2014年版。

2.《习近平谈治国理政》（第二卷），北京：外文出版社，2017年版。

3.《十九大党章学习手册》，北京：人民出版社，2017年版。

4.《习近平关于党风廉政建设和反腐败斗争论述摘编》，北京：中央文献出版社、中国方正出版社，2015年版。

5.《习近平关于严明党的纪律和规矩论述摘编》，北京：中央文献出版社、中国方正出版社，2016年版。

6.《习近平关于全面从严治党论述摘编》，北京：中央文献出版社，2016年版。

7.《马克思恩格斯全集》第34卷，北京：人民出版社，1972年版。

8.《列宁全集》第10卷，北京：人民出版社，1987年版。

9.《毛泽东选集》第2卷，北京：人民出版社，1991年版。

10.《邓小平文选》第2卷，北京：人民出版社，1994年版。

11.《刘少奇选集》上卷，北京：人民出版社，1981年版。

12.《江泽民文选》第3卷，北京：人民出版社，2006年版。

13.《胡锦涛文选》第3卷，北京：人民出版社，2016年版。

14.《十六大以来重要文献选编（下）》，北京：中央文献出版社，2008年版。

15.《中央党内法规和规范性文件汇编（1949年10月—2016年12月）》，北京：法律出版社，2017年版。

16.《中国共产党党内法规选编》（2007—2012），北京：法律出版社，2014年版。

17.《中国共产党党内法规选编》(2001—2007),北京:法律出版社,2009年版。

18.《中国共产党党内法规选编》(1996—2000),北京:法律出版社,2009年版。

19.《中国共产党党内法规选编》(1978—1996),北京:法律出版社,2001年版。

20.《十八大以来最新廉政反腐党内法规汇编》(第二版),北京:中国法制出版社,2015年版。

21.《十八大以来重要文献选编(上)》,北京:中央文献出版社,2014年版。

22.《十八大以来重要文献选编(中)》,北京:中央文献出版社,2016年版。

23.《十八大以来重要文献选编(下)》,北京:中央文献出版社,2018年版。

24.《中国共产党纪律处分条例逐条相关法规速查》,北京:中国方正出版社,2007年版。

25. 俞可平主编:《世界主要政党规章制度文献》,北京:中央编译出版社,2015年版。

26. 宋功德:《党规之治》,北京:法律出版社,2015年版。

27.《中国共产党党内法规制度建设年度报告》,北京:人民出版社,2018年版。

28. 陈登才,张文正,卢先福:《党的领导和党的建设》,北京:中央党校出版社,1997年版。

29. 罗豪才,宋功德:《软法亦法:公共治理呼唤软法之治》,北京:法律出版社,2009年版。

30. 王振民,施新州等:《中国共产党党内法规研究》,北京:人民出版社,2016年版。

31. 张志明:《从民主新路到依法治国》,南昌:江西高校出版社,2000年版。

32. 姚桓，李娜，张惠舰：《从党章发展看中国共产党成功之道》，北京：中国方正出版社，2015年版。

33. 李忠：《党内法规建设研究》，北京：中国社会科学出版社，2015年版。

34. 殷啸虎：《中国共产党党内法规通论》，北京大学出版社，2016年版。

35. 李斌雄：《扎紧制度的笼子》，武汉出版社，2017年版。

36. 黄黎：《党章的历程》，北京：人民出版社，2017年版。

37. 刘红凛：《政党政治与政党规范》，上海人民出版社，2010年版。

38. 李军：《中国共产党党内法规研究》，天津人民出版社，2016年版。

39. [法] 卢梭，何兆武译：《社会契约论》，北京：商务印书馆，2003年版。

40. [美] 塞缪尔·P. 亨廷顿，王冠华、刘为译：《变化社会中的政治秩序》，北京：三联书店，2008年版。